Cornelia Nitsch

Kleine Kinder, große Talente

Begabungen im Grundschulalter
erkennen und fördern

www.knaur-ratgeber.de

Inhalt

1. Was ist ein Talent und wie entsteht es? **4**
Talente suchen und entdecken 4
Woher Talente kommen 11

2. Wie sich Talente entwickeln **16**
Stufe 1: Die Lust am Lernen pflegen 16
Stufe 2: Besondere Interessen entwickeln 18
Stufe 3: Erfolg als Anreiz nutzen 21
Stufe 4: Warum Üben sein muss 23

3. Wie Sie Ihr Kind generell fördern können **30**
Unentbehrlich: Sekundärtugenden 31
Das Leben ausprobieren 32
Auf der Suche nach Vorbildern 34
Kreativität fördern 36
Selbstvertrauen stärken 41
Motivation: mit Leidenschaft dabei sein 46
Für innere Ausgeglichenheit sorgen 50
Viele Kleinigkeiten mit großer Wirkung 52
Häufige Förderfehler meiden....................... 54

4. Mit viel Gefühl das Leben ausloten **60**
Einfühlungsvermögen lernen 61
Selbsterkenntnis: genau hinschauen 62
Perspektivenwechsel ausprobieren 64
Kann man Glücklichsein schulen? 66
Eigenen Empfindungen auf die Spur kommen 67

5. Richtig gut im Umgang mit anderen.......... **70**
Nach Antworten auf soziale Fragen suchen 71
Mitten im sozialen Leben stehen 74

6. Im Denken bald ein Profi **76**
Der Einstieg: auf Fragen eingehen 77
Selbständiges Denken fördern 86
Ausprobieren und Bauklötze staunen 89

7. Geschickt mit Worten jonglieren **92**
Wenn Sprache Musik in den Ohren ist 94
Geschichten erzählen, mit Sprache spielen 95

8. Ein Ass in Sport **100**
Eine Kehrtwende machen: Bewegung verordnen 101
Im Verein langsam selbständig werden 104

9. Jetzt schon das Zeug zum Künstler? **108**
Balsam für die Kinderseele 108
Die Sinne schärfen 110
Die Kraft der Musik für Kinder nutzen 112
Beim Malen und Zeichnen: Aufmerksamkeit schenken 118

Schlussbemerkungen **124**

Anhang . . . .
Adressen 125
Literatur 126
Register 127
Impressum 128

1 Was ist ein Talent und wie entsteht es?

Wie viele Talente und welche Talente bringt mein Kind mit? Woher kommen besondere Fähigkeiten überhaupt? Und wenn sich eine spezielle Begabung zeigt, ist das vor allem den Genen oder der Erziehung zu verdanken, oder spielen beide Faktoren gleichermaßen eine Rolle? Lauter Kernfragen, die Eltern umtreiben. Im folgenden Kapitel finden Sie Antworten darauf.

Warum hat mein Sohn dieses besondere Händchen für Tiere? Warum meine Tochter ein sicheres Gespür für Farben und Formen? Warum spielt er Schlagzeug wie ein Weltmeister? Warum sie Tennis wie eine junge Göttin? Was steckt hinter besonderen Talenten? Talente geben uns viele Rätsel auf. Und sie sind gefragt. Überall wird heute nach zukünftigen »Stars« gefahndet, auch im Kinderzimmer. Eltern, Lehrer, Trainer, Berater, Funktionäre sind an der Suche beteiligt. Jedes Talent, jede Entdeckung wird gefeiert – egal ob im Sport, in der Küche oder in der Abteilung »Hochbegabung in der Schule«. Aber was bedeutet Talent eigentlich?

Talente suchen und entdecken

So manches Talent wusste rückblickend schon mit fünf, wo seine »Berufung« liegt: bei dem einen im Hobbykeller, wo er aus Büchsen Fahrzeuge zusammenbaute. Beim anderen in der Küche, in der er schon damals besondere Süppchen braute. Für Eltern ist es entlastend, wenn ihr Kind früh dahinterkommt, wo seine Neigungen liegen. Wer z. B. bereits im Vorschulalter Flieger baut, die richtig gut segeln, ist geschickt mit den Händen. Vielleicht wird er später Modellbauer. Wer dagegen begeistert einen Experimentierkasten ausprobiert, hat ein Faible für Naturwissenschaften. Vielleicht steckt ein künftiger Forscher in ihm.

Talent hat, wer richtig gut in bestimmten Bereichen ist, besser als das Gros seiner Mitmenschen, egal ob beim Singen, beim Theaterspielen oder beim Rechnen – oder alles auf einmal beherrscht. Ein Kind, das göttlich Klavier spielt, stets eine Eins in Mathe nach Hause bringt und im Hürdenlauf ein Ass ist, wird meistens als außergewöhnlich begabt gepriesen. So viele Begabungen auf einmal? Das ist nicht ungewöhnlich, weil Begabungen oft im Doppel- oder Dreierpack daherkommen. Wer gut in Musik ist, hat nicht selten auch sprachlich einiges vorzuweisen oder glänzt in Mathe. Solche Schnittstellen unterschiedlicher Begabungen erklären, warum viele Naturwissenschaftler gleichzeitig ein Faible für Musik haben. Einstein zum Beispiel.

Natürlich gibt es auch »Inselbegabungen«. Einer ist fit in Mathe, und außer Mathe spielt sich in seinem Köpfchen wenig ab. Jeder kennt diese Typen aus der Schule. Aber solch eine Einseitigkeit sei eher die Ausnahme, sagt die Wissenschaft.

Acht Orientierungspunkte bei der Talentsuche

Der amerikanische Psychologe Howard Gardiner gibt genauere Anhaltspunkte für Talentsucher vor:

- **Manche Kinder entwickeln Begabung im Umgang mit anderen.** Sie können sich gut einfühlen, schwingen mit, erfassen Stimmungen besonders gut. Das Miteinander von Menschen ist ihnen wichtig. Sie werden später häufig Lehrer, Ärzte, Therapeuten, Verkäufer …

5

- **Andere haben ein reiches Innenleben,** das sie erforschen, wissen ziemlich genau, was sie fühlen, denken, und können das auch äußern. Sie werden später gerne Maler, Bildhauer, Schauspieler, Dichter …
- **Viele zeigen ein ungewöhnlich gutes Körpergefühl,** eine fein- oder grobmotorische Begabung. Sie werden später vielleicht Sportler, Handwerker, Tänzer, Künstler …
- **Nicht wenige interessieren sich für die Natur und Naturwissenschaften.** Sie werden später oft Förster, Landwirte, Naturwissenschaftler …
- **Einige verfügen über eine außergewöhnliche räumliche Vorstellungskraft,** hantieren mit mehrdimensionalen Bildern, die sie im Kopf haben. Sie werden später oft Ingenieure, Architekten, Bildhauer, Maler …
- **Manche zeichnen sich durch mathematisches Können** und logisches Denken aus. Sie werden später gerne Naturwissenschaftler, Juristen …
- **Etliche haben besondere Freude an Musik,** an Rhythmen, sie erfassen diese mit Kopf und Gemüt. Sie wollen gerne Musiker werden …
- **Einige zeigen eine besondere sprachliche Begabung,** können sich präzise ausdrücken, erzählen gerne, denken sich selbst phantasievolle Geschichten aus und jonglieren gekonnt mit Wortschatz und Grammatik. Sie werden später oft Journalisten, Lektoren, Schriftsteller, Politiker, Werbeleute, auch Juristen …

Und was ist mit den anderen Begabungen, die auf den ersten Blick nicht unbedingt ein schlaues Köpfchen verlangen, sondern andere Fähigkeiten? Was ist mit dem Mädchen, das im Ballettunterricht elfengleich durch den Raum schwebt, oder mit dem Jungen, der richtig gut in Leichtathletik ist? Natürlich spielen hier vordergründig andere Faktoren die Hauptrolle wie etwa Gespür, Körperbeherrschung, Kraft, Geschick, Koordination … Aber auch an solchen Begabun-

Hochbegabt – nicht nur ein Vergnügen

Etwa zwei Prozent aller Kinder gelten als hochbegabt, weil sie einen Intelligenzquotienten (IQ) von mehr als 130 haben. Beim IQ entsprechen die durchschnittlichen intellektuellen Fähigkeiten dem Wert 100. Etwa zwei Drittel der Bevölkerung liegen in dem Bereich zwischen 85 und 115 Punkten. Wer im Test auf mindestens 130 Punkte kommt, gilt als hochbegabt. Überragende Gedächtnisleistungen, hohe Konzentrationsfähigkeit, außergewöhnliches Beharrungsvermögen bei selbst gestellten kognitiven Aufgaben gelten unter anderem als Merkmale von Hochbegabung. Die meisten Hochbegabten haben eine spezielle Begabung, nur eins von fünf hochbegabten Kindern hat eine generelle Hochbegabung. Nur selten kann einer zugleich singen wie eine Nachtigall, malen wie Van Gogh und dazu noch rechnen wie Adam Riese.

Um die 80 Prozent aller hochbegabten Kinder kommen an normalen Schulen klar. Die übrigen sind hier aber deutlich unterfordert, langweilen sich, steigen deshalb gerne aus dem Unterricht aus. Sie spielen den Clown, kämpfen mit sozialen Schwierigkeiten oder sind still und übermäßig angepasst. Aufgrund dieser Schwierigkeiten versagen nicht wenige von ihnen. Die Crux: Ihre besonderen Fähigkeiten wurden nicht gesehen.

Lange Jahre gab es wenig Extraförderung für Hochbegabte, da das Augenmerk auf der Chancengleichheit und auf der besonderen Förderung Leistungsschwacher lag und Elitebildung eher als Tabu galt. In jüngster Zeit hat sich der Wind gedreht. Heute gibt es besondere Fördereinrichtungen, eine Fülle von Vereinen, Stiftungen, Beratungsstellen, die Hilfe anbieten. Viele Hochbegabte sind Mitglieder bei Mensa, einem Verein von Menschen mit einem IQ von mindestens 130 (Adresse siehe Seite 125). Hochbegabung lässt sich bei Kinderpsychologen und Kinderärzten testen.

gen ist die Intelligenz beteiligt. Denn wer beim Tanzen schlecht in räumlichem Denken ist, kommt nicht weit. Und wer auf dem Fußballfeld nicht blitzschnell wahrnehmen, mitdenken, reagieren kann, hat auch nicht die besten Karten als Kicker.

Was Eltern tun können

Ein Kind hat Schwierigkeiten in der Schule und schlechte Noten. Ist das schon ein Hinweis auf eine geringe Begabung? Ein anderes Kind macht dagegen gute Fortschritte, zeigt beste Leistungen in Mathe und Deutsch – ist das bereits ein Indiz für eine vielseitige Begabung oder vielleicht nur für großen Ehrgeiz und Fleiß? Eltern fragen sich zu Recht, wie sie das beurteilen sollen. Dazu ein paar Kriterien:

- **Sich ein Bild machen.** Verlassen Sie sich nicht nur auf das Urteil anderer, denn niemand kennt Ihr Kind so gut wie Sie selbst. Versuchen Sie, das Profil Ihres Kindes zu beschreiben. Wie ist es – schüchtern oder extrovertiert, kontaktfreudig oder in sich versponnen, wissbegierig oder wenig neugierig, körperlich aktiv oder bequem? Manche Eltern machen sich über lange Zeit Notizen oder schreiben ein Tagebuch, das sie später zu Rate ziehen.
- **Schulnoten.** Oft beurteilen Eltern die Fähigkeiten ihres Kindes nach den Schulnoten. Dabei sind gute Noten nicht automatisch das Ergebnis von Begabung, sondern spiegeln bisweilen vor allem großen Fleiß wider. Auch das Umgekehrte kann gelten: Eine schlechte Zensur muss noch lange kein Hinweis auf einen Mangel an Talent sein. Wer eine miese Note im Deutschaufsatz einheimst, kann trotzdem über sprachliche Begabung verfügen. Wegen dieser und anderer Unwägbarkeiten (ungerechte Lehrer, schlechtes Schulsystem) sollten Eltern nicht blind dem Urteil der Schule und der Noten vertrauen.

- **Intelligenztest.** Mit einem genormten Intelligenztest allein kann man Begabungen nicht aufspüren, bei Kindern schon gar nicht. Solche Tests machen, wenn überhaupt, erst im Schulalter Sinn, sagen Fachleute.
- **Begabungstests.** Immer häufiger wird in einem speziellen Testinstitut eine Begabungsanalyse gebucht. In Talenttests muss ein Kind dann z. B. über Hürden springen, Zahlenrätsel lösen, Wörterreihen analysieren, mit Formen hantieren, Bastelaufgaben lösen – je nach Test. Sind Testergebnisse aussagekräftiger als das eigene Urteil und die eigene Beobachtungsgabe? Nicht unbedingt. Gute Testergebnisse können aber in jedem Fall, gekoppelt mit professioneller Beratung, Mut machen: Endlich ist man dem Schulsystem und seinen Noten entronnen, hat neue Maßstäbe zur Orientierung gefunden und damit oft Anlass, Schulurteile gelassener zu sehen. Außerdem kann ein positiver Test motivieren, an sich selbst zu glauben und weiterzumachen. Vielleicht wagt sich ein Kind anschließend auf neues Gebiet vor und sammelt dort endlich die ersehnten Erfolgserlebnisse. Unter Fachleuten gibt es auch Kritiker solcher Tests. Das Beantworten von Testfragen allein reicht sicherlich nicht aus, um sich ein genaueres Bild von den Potenzialen zu machen, die in einem Kind schlummern.
- **Externe Urteile.** Viele Eltern halten sich lieber an das Urteil von Fachleuten, die außerhalb der Schule mit ihrem Kind zu tun haben. Sie vertrauen darauf, dass der Fußballtrainer im Verein aus langer Erfahrung beurteilen kann, ob bei ihm ein zukünftiger Profi über den Rasen flitzt. Und dass ein Chorleiter sagen kann, ob bei ihm eine zukünftige Berühmtheit trällert.

Zeigen sich deutliche Begabungen, sollte ein guter Mentor gefunden werden – ein ehrlicher Ratgeber, der ein junges Talent kompetent unterstützen kann. Ihn zu finden, kann schwierig sein. Kompetente Berater können Eltern auch unbequem wer-

9

WAS IST EIN TALENT UND WIE ENTSTEHT ES?

den, wenn sie Fehlentwicklungen ansprechen oder überehrgeizige Mütter und Väter davon abhalten wollen, ihr Kind zu idealisieren. Denn manchmal sehen Eltern Begabungen, wo einfach keine sind. Dann ist es Aufgabe des Mentors zu verhindern, dass sich ein eindeutig untalentiertes Kind jahrelang auf dem Klavier oder Tennisplatz abmüht, nur um die überspannten Erwartungen seiner Eltern zu erfüllen und Anerkennung zu ernten.

Auffällige, aus dem Rahmen fallende Begabungen, die durch eindeutige Qualität bestechen und sich nicht erlernen lassen, werden nicht nur innerhalb der Familie, sondern in der Regel auch im Umfeld wahrgenommen: im Kindergarten, in der Schule, in Freizeitkursen, im Sportverein. Besondere Talente machen Furore: Wer wie Picasso malt und erst fünf Jahre alt ist, wird bald in einem Artikel in der Tageszeitung als besonders begabt gepriesen. Und wer eine Klasse überspringt, gilt im Gymnasium als hochbegabt und wird bewundert.

Aber längst nicht jede Begabung kündigt sich mit Getöse und einem Paukenschlag an und garantiert damit viel Aufmerksamkeit. Denn manches Talent kommt einfach unauffällig, eher leise daher und wird deshalb von Fachleuten wie von Eltern leicht übersehen: Wer z. B. wie ein Affe klettern kann, wird nicht unbedingt als besonders begabter Kletterer wahrgenommen und wegen seiner Kletterkünste großartig gerühmt. Sein Können fällt kaum auf. Und wer gut für seine Geschwister sorgt, ein besonders geschicktes Händchen im Umgang mit ihnen zeigt, wird eher selten als besonders begabt erkannt und lobend erwähnt.

Die weniger augenfälligen Begabungen, die im Alltag leicht untergehen, werden gerne als Selbstverständlichkeit hingenommen und gehen oft im Alltagsgetriebe einfach unter.

Egal ob Ihr Kind über eine offensichtliche Begabung oder über eine eher unauffällige verfügt, wie kommt es eigentlich zu seinen Talenten?

Woher Talente kommen

Hat nicht jedes Neugeborene die gleichen Entwicklungschancen, ist es nicht ein »blütenweißes Blatt«, das erst nach und nach beschrieben werden muss? Haben wir also unsere Begabungen eher Umwelteinflüssen zu verdanken? Oder stimmt es, dass uns Talente in die Wiege gelegt werden, so wie Haarstruktur und Augenfarbe? Noch in den 1960er und 1970er Jahren glaubte man, dass wir als Tabula rasa auf die Welt kommen. Und wenn man diese weiße Fläche optimal fülle, dann käme der kompetente Mensch dabei heraus. Dieses Modell scheint nicht zu stimmen. Die Antwort auf die Frage heißt eher: Wir sind das Ergebnis von beidem, von Anlage und Umwelt. Beides wirkt zusammen: Merkmale, die ein Kind auf die Welt mitbringt, entwickeln sich unter Einflüssen von außen in eine bestimmte Richtung, und das gilt auch für die Entwicklung von Begabung. Das Ganze ist also ein permanentes Wechselspiel.

Die Bedeutung von Veranlagungen

Kleine Menschen werden ziemlich unterschiedlich geboren. Jeder Mensch bringt sein eigenes Päckchen an Entwicklungsmöglichkeiten mit. Der genetisch bestimmte Bauplan gibt die Eckpunkte vor:

● Jedes Kind hat sein eigenes Profil, seine eigenen Facetten. Seine innere Organisation, seine Fähigkeiten und Fertigkeiten werden wesentlich durch seine speziellen körperlichen, seelischen und geistigen Merkmale geprägt, die es mitbekommen hat.

● Die Gene bestimmen zwischen 20 und 50 Prozent unserer Persönlichkeit, sagen die Experten. Andere meinen, etwa 50 Prozent unserer intellektuellen Begabung sei Sache der Veranlagung. Etliche Merkmale, wie geistige Fähigkeiten und

Emotionalität, sind also in den Wurzeln vorgegeben. Auch recht komplexe wie das Lernen und die Beziehungsfähigkeit werden durch Erbinformationen mitgeprägt.

• Selbst wenn Erbanlagen das menschliche Verhalten wesentlich bestimmen, heißt das nicht automatisch, dass sie wichtiger als die äußeren Faktoren sind. So entwickeln eineiige Zwillingspärchen zum Beispiel bei aller Ähnlichkeit doch ihre jeweils eigene Wesensart.

Die Einflüsse der Umwelt

Menschen lernen permanent. Dieses Lernen beginnt sogar schon vor der Geburt. So haben Erlebnisse während der Schwangerschaft entscheidenden Einfluss auf die Entwicklung eines Kindes, auch auf seine Talente. Ein Beispiel: Musikalisches Lernen beginnt bereits im Mutterleib. Ob Abendlied

oder Mozartsonate, in den Wochen vor der Geburt hört das Ungeborene mit, und nach seiner Geburt erkennt das Baby dann die so oft gehörten Melodien wieder.

Kaum ist ein Kind auf der Welt, beginnt seine Erziehung, die wesentlich daran mitwirkt, ob es mehr oder weniger Begabung zeigen wird. (Erziehung ist übrigens keine Einbahnstraße. Denn Erwachsene und Kinder beflügeln sich während des Erziehungsprozesses im Idealfall gegenseitig, lernen voneinander und spornen einander an.)

Durch eine gute Erziehung wird neben vielen anderen Grundsteinen auch das Fundament für die Begabungsentwicklung gelegt: der fruchtbare Nährboden, auf dem Talent und Leistung wachsen können.

Da Kinder in unterschiedlichen Kulturen aufwachsen, erwerben sie zum Teil sehr unterschiedliche kulturell tradierte Fähigkeiten. Wer in Brasilien groß wird, hat das Tanzen eher im Blut als einer, der in Deutschland lebt. Jedes Kind erwirbt im Laufe seiner Entwicklung jene Fähigkeiten und Fertigkeiten – damit auch jene Talente und Kompetenzen –, die für das Leben in seinem Kulturkreis besonders wichtig sind.

Positive Einflüsse durch Erziehung

Welche Art von Erziehung sorgt für eine gute Basis, auf der Talente gedeihen können?

- Scheren Sie Kinder nie über einen Kamm, denn jedes Kind hat sein eigenes Profil, sein eigenes Entwicklungstempo und zeigt schon früh sein spezielles Können und vielleicht auch schon seine eigene Art von Begabung. Kein Kind gleicht dem anderen. Wer erzieht, sollte deshalb genau beobachten, differenzieren, auf das Kind, seine Fähigkeiten und Bedürfnisse eingehen und nicht nach Schema F handeln. Gehen Sie immer individuell und wohlwollend auf Ihr Kind ein, mit welchem Thema Sie sich auch gerade befassen.

- Nur wenn Eltern ihrem Kind mit Liebe, Vertrauen, Achtung, Verständnis, Interesse und Zärtlichkeit begegnen und es von Anfang an ernst nehmen, kann es sich gut entwickeln. Ihr Kind braucht ein Zuhause, in dem es sich geborgen, gut aufgehoben und sicher fühlen kann.
- Sehen Sie zuerst die Stärken und nicht die Schwächen und Defizite. Diese positive Grundhaltung färbt ab, sie schafft Lebensbedingungen, in denen Talente blühen können.
- Schenken Sie Zeit und Ruhe – wichtig für die Begabungsförderung und Voraussetzung für Konzentration.
- Leben Sie den Nutzen von Disziplin vor, machen Sie ihn erfahrbar. Zeigen Sie, dass Begabung ohne Disziplin und Üben nicht auskommt.
- Verdeutlichen Sie die Notwendigkeit von Regeln und Verabredungen. Ohne Zuverlässigkeit kein fester Rahmen, keine klare Struktur – beides wichtige Eckpunkte für ein Kind, das besondere Ziele verfolgt. Wird es dagegen von Reizen überflutet, entsteht in seinem Inneren ein großes Durcheinander, das kontraproduktiv wirken kann. Denn das Ordnen und »Aufräumen« zieht alle Energie ab, so dass kaum Kraft für die Entwicklung eigener Interessen und Talente bleibt.
- Ihr Kind lernt von seinen Vorbildern. In den ersten Lebensjahren sind Sie der Dreh- und Angelpunkt in seinem Leben, an dem sich sein Denken, Fühlen, Verhalten orientiert. Deshalb sollten Sie ein nachahmenswertes Modell sein – gerade auch in Bereichen wie Leistungswille, Ehrgeiz, Anstrengung, Gelassenheit, Geduld: eine Liste ohne Ende.
- Vermitteln Sie Ihrem Kind den Wert stabiler Beziehungen, leben Sie ihm vor, was Vertrauen bedeutet, Achtsamkeit, Umsicht – sich selbst und anderen gegenüber.
- Aus Fehlern lernt man. Vermitteln Sie Ihrem Kind, dass Fehler zum Leben gehören. Mitunter häufen sich Pechsträhnen und Misserfolge. Schon kleine Kinder können lernen: Ich lasse mich trotzdem nicht beirren, verfolge meine

Ziele, hole neuen Schwung, mache weiter und verbuche diesen Kraftakt als Erfolg. Eltern können in diesem Punkt mit gutem Beispiel vorangehen.

● Bescheiden bleiben und die Bäume nicht in den Himmel wachsen lassen. Überzeugen Sie Ihr Kind davon, dass es seine Erfolge und Talente nicht wie eine Fahne vor sich hertragen soll, sonst gilt es schnell als Angeber. Veranstalten Sie keinen übertriebenen Kult um Ihr Kind und seine Talente.

Haben Jungen und Mädchen unterschiedliche Talente?

Haben Männer eigentlich die gleichen Talente wie Frauen? Sind männliche Gehirne so strukturiert wie weibliche oder funktionieren sie anders? In Zeiten politischer Korrektheit wurden solche Untersuchungen lange vernachlässigt, weil man glaubte, Frauen könnten nur dann Gleichberechtigung erlangen, wenn von Unterschieden keine Rede sei. Heute wird gründlicher hingeschaut und geforscht. Und es werden Unterschiede gefunden. Die Hirnregionen für das Hören und die Sprache haben bei weiblichen Wesen elf Prozent mehr Neuronen aufzuweisen als bei Männern. Der Hippocampus, der Schaltkreis für Gefühle und Erinnerungen, ist im weiblichen Gehirn ebenfalls größer. Weitere Hinweise: Oft zeigt sich bei Jungen eine bessere mathematische Begabung, ein besseres räumliches Denken als bei Mädchen. Das wird auf die größere rechte Gehirnhälfte bei Jungen zurückgeführt. Noch sind diese Fragen aber nicht endgültig geklärt.

2 Wie sich Talente entwickeln

Talent ist nicht einfach da, sondern entwickelt sich so, wie sich andere Fähigkeiten auch entwickeln. Am Anfang seines Lebens legt jedes Kind begeistert und neugierig los, ist bereit, die Welt zu erobern. Und jedes zeigt dabei enorme Energie und erstaunliche Begabungen. Manche Talente verschwinden mit der Zeit wieder, andere beginnen bei der richtige Pflege zu blühen. Bei allem ist Training angesagt.

Begabung fällt nicht plötzlich vom Himmel, sondern entwickelt sich Stufe für Stufe, wenn der »Nährboden« gut gedüngt wird. Die Entwicklung eines Talents wird von verschiedenen Faktoren bestimmt.

Stufe 1: Die Lust am Lernen pflegen

Ein wichtiger Motor in der Zeit vor der Einschulung ist die Lernlust. Am Anfang sind alle Kinder neugierig, offen und begeisterungsfähig für das, was die Welt ihnen bietet. Mit der Evolution hat sich das menschliche Gehirn zu einem extrem anpassungsfähigen Organ entwickelt, das sich frühzeitig auf das einstellt, was die Umwelt ihm bietet. Ein Beispiel: Weil es seine Muttersprache permanent hört, nimmt ein Baby die Laute dieser Sprache bald auf, speichert Sprachrhythmus und Klangeigenschaften und lernt schon frühzeitig, seine Muttersprache von einer Fremdsprache zu unterscheiden. Später lernt es sprechen.

Dieses Können sei nichts Besonderes, denn jedes Kind bringe eine angeborene Lust am Lernen und an der Weiterentwicklung seiner Kompetenzen mit auf die Welt, sagen Experten. Sie weisen darauf hin, dass der Drang dazuzulernen in den ersten drei Lebensjahren besonders groß sei, da in dieser Phase das entsprechende Zeitfenster für intensives Lernen gegeben ist. So wissbegierig, so aufnahmefähig ist ein Kind im späteren Leben nie wieder. Wenn es jetzt mit Feuereifer bei der Sache ist, lernt es in dieser Phase schnell und gut. Zum Beispiel Englisch. Akzentfrei. Der Grund liegt nicht in besonderem Sprachtalent, sondern in der besonderen Aufnahmefähigkeit des kindlichen Gehirns in dieser Zeit. Auf dieser Basis sind für Eltern zwei Fragen interessant:

- Was wird aus dieser natürlichen Neugier im Laufe der Kindheit?
- Wann und wie zeigen sich über dieses Normalmaß hinausgehende besondere Interessen und Fähigkeiten?

Gezielte allgemeine Förderaktionen

Meistens entdeckt ein Kind seine besonderen Interessen aufgrund elterlicher Anregungen, denn in dieser Lebensphase nehmen die Erwachsenen durch gezielte Fördermaßnahmen noch starken Einfluss. Dieser Prozess gelingt nur, wenn dem Kind gleichzeitig viele Freiheiten gelassen werden. Und was können Eltern tun, damit neben den Interessen auch Begabungen sprießen? Was können sie tun, damit sich jetzt schon Talente zeigen und entfalten können? Für Vorschulkinder kommen spezielle Fördermaßnahmen in Frage:

- **Begabungsförderkurse.** Viele Kinder strengen sich dabei an, lernen wie die Weltmeister, hoffentlich aus Spaß an der Sache und nicht, weil sie von ihren Eltern schon frühzeitig auf Leistung getrimmt werden. Denn immer mehr Kinder üben schon im Kindergartenalter sogenannte Exzellenzen in elitären Kursen mit mehr oder weniger Erfolg ein.

- **In der Familie und im Kindergarten.** Wichtiger, meistens auch effektiver als Extraförderkurse für Begabte, weil gekoppelt an eine geliebte, vertraute Person, ist das ganz normale Alltagsprogramm mit Reden, Fragen, Zuhören, Nachdenken, Erzählen, Toben, Basteln, Spielen und viel Lachen. Je vielfältiger dieses Programm, desto förderlicher für die kindliche Begabungsentwicklung. Auf dieser Ebene kann Ihr Kind lange vor der Schule die Grundzüge wichtiger Kulturtechniken lernen. Bis ins Grundschulalter findet es das, was es zur Entwicklung seiner Talente braucht, in einer liebevollen, anregenden, interessierten Umgebung, in der es auch mal wild und chaotisch zugehen darf.

Glückt das Lernen, dann ergibt sich meist zwanglos und selbstverständlich gute Leistung. Und beides zusammen lockt Begabungen hervor.

Stufe 2: Besondere Interessen entwickeln

Wie gesagt: Jedes Kind lernt permanent, indem es sich laufend in Beziehung zu seinen Erfahrungen und Entdeckungen setzt. Will es erfolgreich lernen, seine eigenen Begabungen aufspüren und ausbauen, muss es Schritt für Schritt an bereits vorhandene Fähigkeiten ankoppeln. Und das geschieht im Alltag laufend: Es spielt, sammelt beim Spielen neue Erfahrungen, erkundet die Welt, erweitert seinen Horizont und entdeckt und vertieft Interessen, die nicht im luftleeren Raum stehen, sondern zu seinen schon vorhandenen Erfahrungen passen. Vor allem entwickelt es Erfindungsgeist. Langsam kommt es weiter und der Schule immer näher. Dazu drei Beispiele:

- Ein Fünfjähriger ist total begeistert von seinem Baukasten und konstruiert aus den Steckbausteinen Fahrzeuge, Flieger, Hochhäuser. Versunken in seine Arbeit, nimmt er seine Umwelt beim Bauen kaum wahr. Stundenlang kann er sich mit seinen Klötzen beschäftigen, ohne Ermüdungserscheinungen zu zeigen. Und weil er dauernd baut, werden seine Konstruktionen anspruchsvoller und immer besser. Nur Übung oder schon besonderes Talent? Bringt er besondere Fähigkeiten mit in räumlichem Denken?

- Ein Zwillingspärchen springt fröhlich auf dem Trampolin herum, besticht durch Können und übt ausdauernd. Das Hüpfen und Drehen scheint ihnen nie langweilig zu werden, und ihre Kunststücke werden immer großartiger und origineller. Ist das Ergebnis auf intensives Training zurückzuführen oder auf eine besondere motorische Begabung?
- Ein Kind experimentiert erfolgreich mit Kräutern und bekommt viel Lob dafür. Er wird sicherlich weiterhin Kräuter verwenden und so seine Kochkünste ausbauen. Wird aus ihm ein Meisterkoch?

In solchen Momenten bewundern Eltern ihr Kind, das so ganz bei der Sache ist. Sie freuen sich über seine unbändige Lebenslust, Lebensneugier – typisch für das Kindergartenalter und das erste Schulalter. Beeindruckt nehmen sie seine besondere Konzentration wahr. Es scheint »sein Ding« gefunden zu haben. Bei seinen Lieblingsbeschäftigungen zeigt es außergewöhnlichen Einsatz: Es turnt dauernd auf dem Sportplatz herum, geht gerne in die Natur, ist stundenlang im Hobbykeller beschäftigt. Es ist typisch für diese Entwicklungsphase, Lieblingsbeschäftigungen zu finden.

Aufgreifen, was in der Luft liegt

Trotz eines breiten Angebots nutzen viele Kinder genau die Kulturtechniken für sich, die zu Hause »in der Luft« liegen. Diese Angebote werden besonders intensiv wahrgenommen, übernommen, verinnerlicht und schließlich ausgebaut:

- **Erste Malerlebnisse.** Wer schon als Baby neben einer Staffelei liegt und Farbe schnuppert, seine ersten Krabbelversuche zwischen Farbtöpfen und Leinwänden startet, wird im Vorschulalter wahrscheinlich bald mit Stiften, Pinsel und Farbe hantieren, sich am familiären Vorbild orientieren. Aufgrund der frühen Prägung und Übung kommen womöglich auch gute Ergebnisse dabei heraus. Von manchen wird darin vielleicht schon ein Hinweis auf größeres Talent gesehen.

- **Fußballerprägung.** Wer einen Fußballer zum Vater hat, der zu Hause im Garten kickt und von der Bundesliga schwärmt, wird wahrscheinlich frühzeitig mit Bällen hantieren, ausprobieren, worin der besondere Reiz dieses Rundlings besteht, und dank seines frühen Einsatzes größere Fertigkeiten entwickeln, was von anderen als besonderes Talent gesehen wird.

Nicht immer, aber häufig verläuft die Entwicklung nach folgendem Schema: Geprägt durch das häusliche Klima entwickelt Ihr Kind erste Vorlieben, Abneigungen, Interessen, auch besonderes Können und Wissen. Es möchte, dass aus seinen knospenden Interessen Blüten werden, und hat den inneren Antrieb, seine Ideen in die Tat umzusetzen, seine Aktivitäten auszuweiten. Aus sich selbst heraus treibt es die Entwicklung seiner Fähigkeiten voran. Von Beginn an ist es auf seine Spezialisierung aus.

Besondere Fähigkeiten können, müssen aber noch kein Hinweis auf Talent sein. Vor der Einschulung steht bei vielen noch die Freude an einer Tätigkeit im Vordergrund und nicht die besondere, vorzeigbare Leistung und Begabung.

Ist das familiäre Umfeld entspannt, gelingt es vielen, ihre Interessen zu vertiefen. Wer in seinen Aufgaben aufgeht, lernt mit jedem neuen Moment dazu, oft ohne Absicht. Dieses Engagement ist von der (unbewussten) Suche nach Erkenntnis und Sinn, nach Qualität und Perfektion gespeist.

STUFE 3: ERFOLG ALS ANREIZ NUTZEN

Wenn Erwachsene diese besonderen Bedürfnisse, Lieblingsbeschäftigungen und Fähigkeiten sehen und fördern, wenn sie in der Familie, in der Krippe, später im Kindergarten unterschiedliche Anregungen bieten und die Veranlagungen mitspielen, dann werden auf diesem fruchtbaren Boden bald erste Talente sprießen.

Um das spielerische Entdecken, die Aktivität zu erhalten und zu fördern, müssen Sie verstehen, was Ihr Kind bewegt und antreibt. Denn die meisten Talente brauchen Bestätigung, um sich entfalten zu können.

Stufe 3: Erfolg als Anreiz nutzen

Neben tieferem Interesse gilt Erfolg als guter Treibstoff für Talente. Dieser Sprit entwickelt seine Wirkung am besten da, wo Ihr Kind sich mit seinem speziellen Interesse gut aufgehoben fühlt, nämlich unter Gleichgesinnten, etwa beim Fußballtraining zusammen mit anderen Fußballern, in der Malschule zusammen mit anderen an Bildern und am Malen Interessierten oder in der Mathe-AG zusammen mit anderen Rechengenies.

An Wettkämpfen teilnehmen, Talentwettbewerbe bestehen, die Erfahrung machen, dass Konkurrenz das Geschäft belebt.

Hier kann man sich messen und feststellen, dass ein Kind schneller, besser, stärker als das andere ist. Will Ihr Kind beim Lernen einen Gang zulegen, intensiver einsteigen, mehr Fördermaßnahmen nutzen, weil es mithalten will? Entwickelt Ihr Kind jetzt Ehrgeiz? Kann es verlieren? Kann es gewinnen, ohne dass ihm der Sieg zu Kopf steigt? Erste Unterschiede zeigen sich jetzt, auch erste Neid- und Triumphgefühle. Nicht nur die Erwachsenen, sondern auch die Kinder fragen jetzt häufiger nach Rangfolgen: Zähle ich zu den Guten oder eher zu den weniger Guten? Finde ich mein Plätzchen auf der Begabtenskala?

Der innere Belohnungsapparat

Weil sie sich anstrengen und Erfolgserlebnisse anstreben, treiben viele Kinder wie in einem Sog auf ihr Talent zu. Sie tun einfach das, was ihnen liegt und Freude macht. Manchmal auch das, was gelobt und belohnt wird.

Lob und Belohnung erfährt ein Kind nicht nur von außen, etwa von seinen Eltern, sondern auch von innen: durch sein Gehirn, das bei Erfolgserlebnissen Hormone ausschüttet, die glücklich machen. Auf dieses gute Gefühl tief drinnen mag keiner verzichten, denn das ist ein besonderer Kick. In Aussicht stehende Glücksgefühle treiben die Anstrengung und Leistungsbereitschaft ordentlich an. So engagiert sich ein Kind automatisch und intuitiv auf dem Terrain, auf dem es gut ist.

Ein besonders kostbares Talent: die Intuition

Ihr Kind quält sich mit einem Problem herum. Dreht und wendet es und kommt trotz intensiven Nachdenkens zu keiner Lösung. Plötzlich ein Gedankenblitz, eine Idee, und die Lösung seines Problems ergibt sich aus heiterem Himmel. Intuitiv weiß es auf einmal, wo es langgeht. Jeder hat solche Situationen schon erlebt. Laut Catholic encyclopedia ist »Intuition direktes Begreifen, schreitet nicht wie analytisch-wissenschaftliches Vorgehen vom Teil zum Ganzen, sondern erfasst direkt das Ganze«. Oft hilft sie an einem Punkt weiter, wo bewusstes Nachdenken nicht weitergeholfen hat. Für Rousseau war Intuition »die souveräne Intelligenz, die mit einem Blinzeln die Wahrheit aller Dinge erkannte, im Gegensatz zum leeren und enttäuschenden Bücherwissen«! Intuition, der unbeeinflusste Umgang des Gehirns mit eingespeicherten Informationen, kann nicht gelernt werden, sondern ist ein Talent, sagt die Wissenschaft. Dichter, Maler, Bildhauer, Komponisten, aber auch Forscher wissen aus Erfahrung, wie kostbar »spontane« Resultate oft sind.

Stufe 4: Warum Üben sein muss

Die Entwicklung eines Talents beginnt eigentlich langsam. Beschleunigt wird sie später durch Disziplin, Geduld, Ausdauer und Übung. Zu Ehrgeiz und Erfolgsstreben kommt jetzt viel Training. Talenten fällt zwar manches in den Schoß, aber eben nicht alles. Bei »normalen« Wettbewerben mögen sie den Sieg schnell in der Tasche haben, aber noch lange nicht, wenn sie gegen Ihresgleichen antreten, etwa bei Wettbewerben wie »Jugend musiziert« oder »Jugend forscht«.

Ob graue Zellen oder Muskeln, immer wird beim Training das ausgeglichen, was von Natur aus fehlt. Und dazu kommt: Nur was gefordert wird, kann gedeihen. Durch ständiges Wiederholen werden bestimmte Fähigkeiten so lange geübt,

bis der Kandidat sie intus hat (implizites Lernen) und die für ein bestimmtes Können erforderlichen Nervenbahnen stabilisiert sind. Erst dann kann zu einer beachtlichen Leistung werden, was vorher als Begabung entdeckt wurde.

Langsam wird die Sache ernst

Sind viele Interessen in den ersten Lebensjahren dank engagierter Eltern noch weitgehend Selbstläufer – es wird noch munter drauflos gemalt, musiziert, Theater gespielt, Sport getrieben –, lässt der lässig lockere Spaß mit zunehmendem Alter nach, wenn aus dem entdeckten Talent etwas werden soll. Die verschärfte Gangart in Sachen Training wird in unterschiedlichen Bereichen sichtbar. So wird Musik jetzt nicht länger mit selbstgemachten Instrumenten mehr schräg als recht als »Hörtraining« gemacht. Und auch Küchengeräte müssen nicht länger als Musikinstrumente herhalten. Nun wird »richtig« musiziert: nach Noten und Regel und mit viel Üben. Ebenso werden z. B. Bilder nicht mehr frei erfunden und einfach von der Leber weg mit viel Phantasie aufs Papier gebracht, sondern sorgfältig gestrichelt und gemalt – genau so, wie jetzt alle malen und üben, nämlich nach Vorlage: Heißt das Thema »Haus«, dann kommt zuerst das Spitzdach dran, ein Schornstein, der raucht, die Tür unten in der Mitte und neben dem Haus eine Tanne mit gleichmäßigen Zacken.

Übung macht aus einem kleineren ein größeres Talent, hat der Psychologe Anders Ericsson herausgefunden. Laut seiner Studie hatten unter Studenten der Berliner Musikhochschule diejenigen am ehesten das Zeug zu einer größeren Karriere, die bereits als Kinder und Jugendliche mehr geübt hatten als ihre späteren Mitstudenten. Es waren 7500 Stunden. Musikalisches Talent braucht also wirklich eine Menge Übung, um sich entfalten zu können. Und anderes Talent ebenso (wenn auch vielleicht weniger Stunden Übung).

Im Schulalter, einer entscheidenden Phase in puncto Talententwicklung, verstärkt sich das Üben. Zuverlässig, ordentlich, regelmäßig soll nun trainiert werden, um Leistung zu bringen, egal ob beim Flöten, beim Fußballtraining, beim Lesen … Oft zahlt sich das Training – mit Talent als Treibmittel – in Erfolg aus. Geschickt, ausdauernd und gekonnt baut z. B. ein Siebenjähriger einen Drachen genau nach Vorlage zusammen und zeigt dabei außergewöhnliches handwerkliches Können. Mit jedem neu produzierten Drachen wird er geschickter. Oder dem kleinen Koch gelingt sein Nachtisch immer besser. Wer die Bayerische Creme probiert, ist des Lobes voll. Das Kind ist nicht nur talentiert, sondern hat seit langem fleißig geübt.

Die unbeschwerte Kreativität, die Offenheit der Vorschulzeit hat also längst einen Dämpfer erfahren, denn nun werden immer deutlichere Maßstäbe gesetzt und mit verschärftem Training Unterschiede zwischen den Leistungen der »Normalen« und der »Talentierten« sichtbar. Bei richtiger Förderung ziehen die Begabten spätestens jetzt auf und davon.

Getrieben vom eigenen Ehrgeiz

Weil viele Begabte immense Ansprüche an sich selbst stellen – auch wegen des damit verbundenen Kicks –, weil sie oft ehrgeizig sind und Spitzenpositionen ansteuern, fällt das Training bei ihnen besonders hart aus. Die Schinderei soll sich dann wenigstens auszahlen und aus dem Talent ein erfolgreiches Talent machen. Hartes Training ist zäh und anstrengend, z. B. beim Fußballspielen: Hunderte Male schießt ein kleiner Fußballer auf dem Weg zum Profi beim Training den Ball Richtung Tor – unermüdlich, immer wieder. Oder beim Klavierspielen. Mancher Superpianist in spe quält sich mit Fingerübungen ohne Ende am Klavier.

Von Spaß an der Freude und Talent ist in solchen Dürrephasen seltener die Rede. Mal zeichnen sich auf diesem Weg

Fortschritte ab, mal Rückschläge. Mit Misserfolgen verstärken sich Selbstzweifel, auch Lustlosigkeit. Längst nicht jedes junge Talent geht diesen dornigen Weg bis zur Spitze mit. Auch Eltern haben ihre Zweifel. Das eigene Kind permanent anzutreiben, damit seine Begabung in Hochform bleibt, scheint vielen nicht erstrebenswert zu sein. Der Ehrgeiz hält sich dann in Grenzen, und gemeinsam wird ohne Bedauern beschlossen: »Schluss, aus – die große Karriere muss nicht sein!« Ein anderes Kind bleibt dagegen voller Bedauern zurück, würde eigentlich gerne weitermachen. Ihm mangelt es bei allem Talent einfach an der Kraft zu Höchstleistungen. Begabung allein reicht eben nicht, um an die Spitze vorzustoßen. Nur wer über ein ganzes Bündel unterschiedlicher Kompetenzen verfügt, katapultiert sich nach oben.

Wenn es nicht gelingt, auf der Geige so zu spielen, dass alle gerne zuhören, oder auf dem Eis vollkommene Pirouetten zu drehen, wenn die Entwicklung einer Begabung trotz aller Mühe, trotz allen Trainings irgendwann stagniert, müssen Eltern und Kind ihre Träumen loslassen und akzeptieren, dass der Einsatz nicht für eine große Karriere reicht. Dieser Schnitt ist für manche enttäuschend. Andere atmen befreit auf.

Aussteiger:
Wenn Kinder keine Meister werden wollen

Begabung hin oder her, längst nicht jeder will aus seinem Talent viel machen. Vielleicht erkennen Sie Ihr Kind in einer der folgenden Typisierungen wieder:

* **Der ewige Anfänger.** Er denkt sich dauernd neue Aktivitäten aus. Singt im Chor. Spielt Hockey. Macht im Schachclub mit. Aber schon nach kurzer Zeit verpufft seine Begeisterung wieder. Immer findet er gute Gründe, warum er nicht bei der Sache bleiben kann.

* **Der dauernd Angestrengte.** Er hält viel von seinen Talenten, ist reichlich ehrgeizig, steckt sich hohe Ziele, will zur Elite zählen. Und zeigt viel Einsatz, um seine hohen Ziele zu erreichen. Zeichnet sich allerdings mal ein Durchhänger ab, kommt er nicht so schnell weiter Richtung Spitze wie erhofft, dann trainiert er übereifrig weiter, steigert seinen Übungsaufwand noch. Die Folge: Trotz mancher Erfolge muss er schließlich aufgeben, er schafft das Pensum nicht länger und kapituliert schließlich unzufrieden.
* **Der fröhliche Improvisierer.** Er freut sich an seinem Talent, hat auch Lust, etwas daraus zu machen. Wenn die Überei aber zu viel Zeit und Engagement erfordert, dann gibt er fröhlich pfeifend auf: Erfolg, Spitzenleistung – das ist nicht unbedingt sein Ding. Und das muss es ja auch nicht sein.

Ein paar Extratipps zum Üben

Was muss außer Erfolgsstreben und regelmäßigem Üben noch geschehen, damit sich Talent in gute Leistungen verwandelt?

* **Trainer.** Suchen Sie nach einem guten Trainer für Ihr Kind. Welches Talent es auch immer ausbauen möchte, es braucht beste Übungsmöglichkeiten dafür. Machen Sie sich ein Bild vom Unterricht des Lehrers, den Sie ausgesucht haben. Schauen Sie sich nicht nur seine Trainingsmethoden an, sondern auch, wie er mit Kindern umgeht. Schauen Sie ihm bei der Arbeit zu. Geht er auf seine Schüler ein, sieht und lobt er Fortschritte? Wie ermutigt er, wie übt er Kritik? Beziehen Sie Ihr Kind in Ihren Entscheidungsprozess mit ein. Die Meinung Ihres Kindes sollte den größten Stellenwert bei der Entscheidung haben.

- **Ziele ansteuern.** Wer sein Talent in gute Leistung umsetzen will, sollte sich ein eindeutiges Ziel setzen, dieses Ziel direkt und entschlossen ansteuern und es unterwegs nicht aus den Augen verlieren.
- **Ausdauer zeigen.** Wer seine Begabung entwickeln, wer Fortschritte machen will, darf beim Üben nicht vor langweiliger Routine und Mühsal zurückschrecken. Nur wer diese ewigen Wiederholungen akzeptieren kann, kommt weiter und kann sich auch über kleine Fortschritte freuen.
- **Optimismus beweisen.** Talent ist ein wichtiger Motor, der die Entwicklung Ihres Kindes in eine bestimmte Richtung vorantreiben kann. Aber mitunter kommt er ins Stottern. Es kommt unterwegs zu Pannen und Enttäuschungen. Das ist normal, gehört dazu und ist kein Grund, den Kopf hängenzulassen. Natürlich kostet es Kraft, nach einem Rückschlag neu zu starten. Es hilft nichts, das muss sein. Kein Grund sich zu grämen, sondern optimistisch in die Zukunft zu schauen: Es wird wieder aufwärtsgehen.
- **Disziplin aufbringen.** Disziplin ist unbeliebt, muss aber trotzdem sein. Wer erfolgreich sein will, muss seinen inneren Schweinehund unter Kontrolle haben. Er darf anstehende Aufgaben nicht laufend verschieben. Muss konzentriert bei seinen Aufgaben sein. Darf nicht müde werden und schlappmachen. Kein Wunder, dass Selbstdisziplin eine anstrengende Sache ist. Jeder Erfolgreiche, egal ob in Sport oder Denksport, kann ein Lied davon singen.

Die ersten zarten Ansätze von Talent werden bei guter Pflege im Schulalter bald kräftige Pflanzen, die das Leben bestimmen und von der Umwelt immer deutlicher erkannt, vielleicht auch gewürdigt werden: Wer in der zweiten Klasse jede Rechenaufgabe doppelt so schnell löst wie seine Mitschüler, gilt bald als Mathegenie. Selbst die Lehrer sind beeindruckt und sagen: »Der Junge hat eine besondere Begabung!« Oder wer freiwillig jeden Nachmittag auf seiner Geige übt und es zu besonderer Könnerschaft gebracht hat, bekommt dafür Anerkennung und glaubt auch selbst an sein Talent.

Wenn die Erfolge zunehmen, damit auch Lob und Applaus, dann wissen viele Begabte, dass sie auf dem richtigen Weg sind: Genau das haben sie sich gewünscht. Sie kommen ihren Zielen langsam näher.

Die Sache mit den Wunderkindern

Gerade mal fünfjährig komponierte Wolfgang Amadeus Mozart bereits sein erstes Menuett und wurde als Wunderkind gefeiert. Alle Welt fragt seither:»Woher nahm er diese spezielle Begabung?« Im Leben von Mozart lag von Beginn an Musik in der Luft, und zwar dank Vater Leopold, Kapellmeister und Musikpädagoge, der zu Hause komponierte, übte, spielte und seine Fähigkeiten als Musiklehrer bei seinen Kindern ausprobierte. Kein Wunder, dass sich der kleine Wolfgang möglichst schnell in der»Sprache« verständigen wollte, die in seiner Familie so viel galt, und er das Musizieren so frühzeitig wie das Sprechen übte. Wer schon als Baby in Musik badet, wer in einem musikalischen»Klima« aufwächst, für den wird Musik zum Lebenselixier und der will auch später nicht davon lassen. Außerdem sorgte Vater Leopold mit eiserner Hand dafür, dass sein Sohn ein immenses Übungsprogramm absolvierte – Tag für Tag, ohne Ausnahme. Keiner würde einem Kind heute so viel Disziplin abverlangen. Nicht verwunderlich also, dass Mozart aufgrund dieser frühen und intensiven Stimulation musikalisch nicht nur talentierter, sondern auch wesentlich geübter und gebildeter als seine Mitmenschen war.

Wie nicht wenige besonders begabte Kinder hatte übrigens auch Mozart immer das Gefühl, in Lebensbereichen jenseits der Musik deutliche Defizite zu haben. So hielt er zum Beispiel nicht viel von seinen sozialen oder sprachlichen Fähigkeiten.

3 Wie Sie Ihr Kind generell fördern können

Er könnte als Musiker glänzen, wenn ... wenn er nur gefördert würde, denn ein Talent macht sich nicht allein. Es muss nicht nur entdeckt, sondern auch entwickelt, gehegt und gepflegt werden und kann nur auf gutem Nährboden gedeihen. Talent allein reicht nicht, um weiterzukommen. Zuerst muss eine gute Grundlage gelegt werden. Dabei bringt es wenig, möglichst viel Wissen mit einer Art Nürnberger Trichter ins Gehirn zu füllen. Effektiver ist es, eine Umwelt zu bieten, die zu Fragen anregt.

Das Gehirn entwickelt sich von der Geburt bis zur Pubertät in rasantem Tempo. Viele Nervenverbindungen im Gehirn entstehen erst nach der Geburt. Die Entscheidung darüber, welche miteinander verknüpft werden und welche wieder verkümmern, erfolgt nach funktionellen Kriterien, also ob sie gebraucht und genutzt werden. Gerade die ersten Lebensjahre sind entscheidend dafür, dass sich die Strukturen im Gehirn bilden, die später gebraucht werden. Jetzt wird das Fundament für die verschiedenen Kompetenzen (soziale, kognitive, ästhetische ...) gelegt, auf dem Begabung dann wachsen und blühen kann.

Das größte Talent nützt nichts, wenn ein Kind nicht genügend Anreize erhält, es auszuprägen. Wer erst mit zwölf beginnt, Klavier zu spielen, wird vielleicht ganz gut spielen, aber wohl kein berühmter Pianist mehr. Das heißt: Begabungen, die von Erfolg gekrönt sein sollen, müssen früh gefördert werden, ganz kontinuierlich und unaufgeregt.

Unentbehrlich: Sekundärtugenden

Noch viel wichtiger für die Entwicklung von Begabung als Ausdauer, Disziplin und andere Sekundärtugenden:

● »Flow«. Die tiefe Freude, das gute Gefühl im Bauch. Geht Ihr Kind in seinem Interesse bei Aufbringung all seiner Kräfte ganz auf, geht es tiefversunken seinen Lieblingsbeschäftigungen nach, dann wird das als »Flow« bezeichnet. Diese selbstvergessene Beschäftigung hat nichts mit Ehrgeiz, mit Anstrengung um des Erfolges willen zu tun, sondern mit Glück. Wer diese tiefen Glückgefühle beim Malen, Rechnen, Schreiben, Nachdenken – wo auch immer – erlebt, der hat die besten Voraussetzungen, seine Talente zu entdecken und zu entwickeln. Gelingt es Ihnen, dieses Glück zu ermöglichen, sind Sie ein guter Entwicklungshelfer in puncto Begabung. Damit ist ein breites, tragfähiges Fundament gelegt für weitere Fördermaßnahmen. Versuchen Sie darüber hinaus, ein guter Mentor zu sein, der sein Wissen, sein Können – viele unterschiedliche Inhalte weitergibt. Mit Erziehern, Lehrern, Trainern stehen Sie in der Verantwortung. Sie brauchen Einfühlungsvermögen, Zeit, Geduld, um auch die verborgenen Talente Ihres Kindes kennenzulernen.

Die meisten Eltern zeigen sich als kompetente Begleiter ihrer Kinder. Sie entwickeln ein gutes Gefühl für die besonderen Belange ihres talentierten Kindes und wissen oft intuitiv, was zu tun und zu lassen ist – auch in Sachen Begabung. Wer sich auf sein Kind, auf seine Bedürfnisse einlässt, weiß die Signale, die es sendet, zu deuten und kann entsprechend darauf eingehen. Oft mühelos, ohne großes Nachdenken und Abwägen wissen Eltern, was zu tun oder zu lassen ist. Aus dem Bauch heraus wird entschieden. Dabei folgen Eltern ihrer Intuition, der Intelligenz des Unterbewussten. Diese geheimnisvolle innere Kraft wird vor allem sensitiven Menschen zugeschrieben, die besonders gut darin sind, die Bedürfnisse von Kindern zu deuten, ihre Fähigkeiten einzuschätzen. Einfühlsamen Menschen ist klar, dass Kinder keine Zwergenausgabe Erwachsener sind. Ein kleiner Mensch fühlt, denkt, lebt auf seine eigene Weise. Und wer ihm dabei zuschaut, wer mitschwingt und mitspielt, gerät ins Staunen.

Das Leben ausprobieren

Die beste Fördermethode: experimentieren. Bieten Sie Ihrem Kind Möglichkeiten, sich selbst und sein Können auszuprobieren. Ob am Maltisch oder im Schwimmbad, ob beim Wettrechnen oder beim Vorlesewettbewerb – nur wer seine Fähigkeiten entdecken und ausloten kann, weiß, wo seine Stärken liegen (und seine Schwächen). Wer sein Talent genießen will, muss Einsatz bringen, Ideen sammeln, Selbstvertrauen besitzen, motiviert sein und Zeit haben für seine Experimente. Nur wer diese Voraussetzungen erfüllt, bringt das nötige Engagement auf, das gebraucht wird, um die eigenen Fähigkeiten weiterzuentwickeln.

Lassen Sie Ihr Kind dabei an der langen Leine laufen. Gestehen Sie ihm möglichst viele Freiheiten zu, denn in Freiheit entwickeln sich Talente gut – besser als in eng begrenzten Lebensräumen. Lassen Sie der angeborenen Neugier, der Freude, der kindlichen Begeisterungsfähigkeit möglichst freien Lauf, damit der Lerneifer sprudelt und Talente sprießen und wachsen können. Ihr Kind braucht Freiräume, das ist die eine Seite. Die andere: Im Kindergartenalter kommt Ihr Kind noch häufig auf Sie zu, denn Sie werden als kompetenter Begleiter, als engagierter, zugewandter, geduldiger, fröhlicher, liebevoller Unterstützer gebraucht. Sie müssen Mut machen, Vertrauen schenken, aus Sackgassen wieder heraushelfen, Ratschläge parat haben und sich von der Begabung Ihres Kindes faszinieren und begeistern lassen. Wenn Sie mit Schwung dabei sind, engagiert und einfühlsam mitschwingen, dann bringen Sie mit Ihrer positiven Einstellung die Fähigkeiten Ihres Kindes in Schwung.

Stichworte zum Thema Freiheit

Wichtig ist, dass Sie im Hintergrund stehen, dass Sie wissen, was Ihr Kind bewegt, und gleichzeitig seine Selbständigkeit fördern.

- Es will selbständig werden, und zwar so früh wie möglich. Es möchte allein oder zusammen mit anderen gute Voraussetzungen für die Entwicklung seiner Talente schaffen und durch Erfahrung klüger werden. Trauen Sie ihm zu, sein Leben weitgehend in Eigenregie zu managen. Elterliches Zutrauen ist ein sehr effektiver Entwicklungsmotor.
- Sorgen Sie für ein möglichst entspanntes, angenehmes, kreatives Klima zu Hause. Am besten kann sich ein Talent in einer lustvollen, entspannten Atmosphäre entfalten, in der auch mal Chaos herrschen darf.
- Stellen Sie ein reichhaltiges Umfeld, anregenden Spielraum und brauchbares Material zur Verfügung – ein »Labor« mit Werkstattcharakter, in dem ein »Forscher« findet, was er braucht – zum Beispiel Bücher, Stifte, Papier, Knetmasse, Bausteine: keine perfekten, vorgefertigten Spielsachen, sondern Material, aus dem man vieles machen kann. Ihr Kind wird sich das herauspicken, was es gebrauchen kann: Es sucht sich instinktiv das, was zu seiner Veranlagung passt und was es für seine Entwicklung, sein Vorwärtskommen braucht.
- Entwickeln Sie gemeinsam mit Ihrem Kind in vielen Gesprächen Vorstellungen, wie und wo es sein Talent am besten verwirklichen kann. Lassen Sie es selbst Vorschläge machen und weitgehend mitentscheiden.

Auf der Suche nach Vorbildern

Jeder sucht sich Vorbilder, findet bei ihnen Denk- und Verhaltensweisen, an denen er sich orientieren kann. Ein Kind lernt am besten aus den Erfahrungen, die es zusammen mit anderen sammelt, in der Familie, im Freundeskreis, in der Schule … Jedes Reden, Lachen, Spielen, jeder Kontakt kann eine wichtige Botschaft sein, ein Impuls für weitere Entwicklungen. Welche Vorbilder sind für Kinder wichtig? Wo finden sie Menschen, denen sie nacheifern können, von wem können sie lernen, wie man mit seinen Talenten umgeht?

Vorbilder in der Familie

Ihr Kind orientiert sich zuerst an Ihnen, nimmt sich Ihre Verhaltens- und Denkmuster zum Vorbild. Es schaut sich ab, was Sie machen, denken, fühlen, und entdeckt dabei seine eigenen Vorstellungen, vielleicht auch Begabungen. Weil andere Menschen aus dem näheren Umkreis heute seltener zur Verfügung stehen, sind vor allem die Eltern als »großes Vorbild« im Einsatz und müssen die Aufgaben lösen, die ihnen früher häufiger von anderen Familienmitgliedern abgenommen wurden.

- **Geschwister,** die einem vormachen, wie man aus simplen Kisten ein tolles Auto baut. Wie man mit einem Chemiebaukasten brodelnde Dämpfe erzeugt. Wie man in Büchern Abenteuer erlebt.
- **Großeltern,** die gleich nebenan wohnen, sich ihren Enkeln widmen und ihnen Wissen über Ameisen und Wespen vermitteln, ihnen zeigen, wie man gedeckten Apfelkuchen backt, ihnen die Namen von Frühlingsblumen verraten. Unentbehrlich sind Großeltern eigentlich auch als Berichterstatter, die zeitumspannendes Wissen vermitteln, über frühere Generationen der Familie zum Beispiel.

Freunde als Vorbilder

Weil Kinder heute früher selbständig sind, wird ihre »Peergroup« wichtiger: der Freundeskreis, mit dem sie viel Zeit verbringen. Für manche sind diese Freunde eine Art Zusatz-, Übergangs- oder Ersatzfamilie, die Geborgenheit verspricht. Gemeinsame Erlebnisse schaffen ein intensives Zusammengehörigkeitsgefühl. Mit den Freunden hört man – vor allem vor und während der Pubertät – gemeinsam Musik und diskutiert über Probleme. Den Freunden werden Geheimnisse anvertraut. Gemeinsam mit ihnen macht man sich auf die Suche nach Lebenskonzepten. Fahndet nach eigenen Talenten. Aufgabe der Eltern ist es, die Entwicklung im Blick zu behalten: Was spielt sich im Freundeskreis ab? Welchen Träumen hängen die Kinder, die Jugendlichen nach? Welche Zukunftsbilder haben sie im Kopf? Kinder und Jugendliche brauchen ihre Geheimnisse. Eltern müssen nicht alles wissen. Heben die Freunde allerdings ab, schlagen sie besorgniserregende Richtungen ein, bestärken sich zum Beispiel gegenseitig in einer destruktiven Lebenseinstellung, dann kommen Eltern nicht darum herum, »stopp« zu sagen.

Computer und Internet, Zauberbüchsen, die randvoll mit Informationen sind, verdrängen die Freunde immer häufiger, denn viele Kinder holen sich inzwischen hier ihre Informationen und Vorbilder, auch ihre Ansprechpartner.

Idole werden entdeckt

Leidenschaft für Idole bricht immer früher aus. Schon Zweit- und Drittklässler eifern heute Stars nach. Idole sind den meisten als Vorbilder wichtig, in der Phantasie will man ihnen nahe und ähnlich sein. In seinen Träumen ist man so talentiert, so großartig wie sie. Indem man ihre Sprache imitiert und ihre Verhaltensweisen nachahmt, experimentiert man mit unterschiedlichen Lebensweisen, fern vom familiären Alltag. Diese Schwärmereien helfen, eine eigene Identität zu entwickeln.

Kreativität fördern

Talent sei erst dann möglich, wenn zur Begabung eine Portion Kreativität komme, sagen Begabungsforscher. Wer nach neuen Aufgabenstellungen und originellen Problemlösungen sucht, wird für seine Kreativität bewundert. Kreative greifen nicht auf Eingespieltes zurück, sondern fahnden gedanklich nach fernerliegenden Faktoren, die sie bei ihren Gedankenspielen so originell miteinander verknüpfen, dass sich neue Ideen ergeben. Wie sieht dieser Prozess im Einzelnen aus?

- **Analyse.** Zuerst wird eine zu lösende Aufgabe analysiert. Dann wird überprüft, welche Elemente des eigenen Wissens und Könnens weiterhelfen können und wo andererseits Wissenslücken klaffen und sich Widersprüche auftun.
- **Hinterfragen.** Alles bislang Gedachte wird in Frage gestellt, danach locker und entspannt zur Seite geschoben. Die Gedanken werden einfach losgelassen.

- **Abklopfen.** Wenn sich später spontan neue Ideen ergeben, werden sie spielerisch auf ihre Stimmigkeit abgeklopft: »Was ist brauchbar, was nicht? Was entspricht den Vorgaben? Ist die Lösung erfolgversprechend?«
- **Lösung.** Eine brauchbare Lösung wird ausgearbeitet.

Im Vorschulalter ist Kreativität besonders gefragt: In dieser Phase will ein Kind die Welt nicht nur erkunden, sondern neu erfinden. Es möchte eine Bude unter Büschen bauen – ganz neu, ganz anders, genau nach seinem Gusto. Es will Raketen erfinden, Monster zähmen, Prinzessinnen kennenlernen, Zirkusdirektor sein ... Offen für jede neue Idee, aktiv, produktiv, mutig und mit viel Elan, will es lospreschen, will Interessantes entdecken und Berge versetzen: In dieser Entwicklungsphase hält es vieles für möglich, glaubt sogar, es könne Märchen wahr werden lassen. Aufgaben, die sich ihm stellen, werden spielerisch gelöst. Es entwickelt immer neue Ideen, um alte ausgetretene Pfade verlassen, neue Wege ausprobieren und ungewohnte, spannende Perspektiven entdecken zu können – auch zugunsten seiner Begabungen. Weil es flexibel und belastbar ist, verharrt es seltener in gewohnten Denkmustern als ein Erwachsener.

Ihr Kind zeigt seinen Erfindungsgeist, seine Einmaligkeit und Originalität vor allem dann, wenn es dem Leben auf der Spur ist. Wenn es z. B. einen Regenwurm beobachtet und wissen will, ob sich dieser Wurm nur im Blumenbeet wohl fühlen kann oder auch im Blumenkasten. Oder wenn es sich fragt, ob Engel eigentlich wissen, was eine Kirche ist. Oder wenn es wissen will, ob Hunde nach jahrelanger Trennung ihre Mütter wiedererkennen.

Mit welcher Frage auch immer es gerade beschäftigt ist, ein Kind beweist beim Nachdenken seine besondere Sicht der Dinge des Lebens, seinen Drang, hinter die Geheimnisse dieser Welt zu kommen. Diese besondere Denkweise lernen Eltern kennen, wenn sie Geduld haben, Antworten nicht vorwegnehmen, sondern auf die Erklärungen ihres Kindes warten. Seine originellen, individuellen Fragen und Antworten beweisen nicht nur seine Kreativität, sondern auch die Fähigkeit nachzudenken, die Dinge zu hinterfragen – ein Talent, über das viele Kinder verfügen.

Zu hohe Erwartungen an die eigene Person?

Manch junges Talent baut sich selbst Fallstricke, weil es ein übergroßer Perfektionist ist. Zeichnet sich zum Beispiel ab, dass es nicht, wie heiß ersehnt, auf dem Siegertreppchen stehen wird, ist der Ärger oft groß. Es nimmt sich das Nachhinken selbst übel, sieht sich manchmal vorschnell als Verlierer. Wenn sich der hohe Anspruch an die eigene Person nicht erfüllt, wenn es Misserfolge verkraften muss, verkennt manches Kind, mancher Jugendliche die Chance, daran zu wachsen. Oft reagiert es ziemlich gereizt, auch verstört auf das Ereignis. Diese Eigenschaft macht ihm das Leben nicht unbedingt leichter. Wer zu hohe Ansprüche an die eigene Leistung verinnerlicht hat, resigniert außerdem schnell, selbst die Anerkennung anderer bedeutet ihm dann wenig.

Wie Sie Kreativität verstärken

Ideenreichtum, Erfindungsgabe fördern Talente ganz automatisch. Kreativität ist deshalb bei der Begabungsförderung unentbehrlich. Helfen Sie Ihrem Kind, neue Horizonte auf unterschiedlichen Lernfeldern zu erschließen.

• Förderlich ist, dass Sie der Kreativität Ihres Kindes offen und interessiert begegnen.

• Wenn Sie Kreativität zulassen, bewundern, selbst kreativ sind, färbt Ihre positive Grundeinstellung auf Ihr Kind ab: Es tritt vielleicht in Ihre Fußstapfen. (Nicht jedes Kind ist allerdings gleichermaßen kreativ und erfindungsreich.)

Denken Sie darüber nach, wie kreativ Sie einst als Kind waren: Wofür haben Sie Ihren Erfindungsgeist genutzt, für welche Ideen haben Sie sich starkgemacht und begeistert? Und was ist von dieser Kreativität heute noch geblieben? Falls nicht mehr viel geblieben ist, erinnern Sie sich noch, wer oder was Ihnen den Spaß an neuen Wegen verdorben hat? Gehen Sie dazu gezielt auf Gegenkurs.

- Versuchen Sie Ihrem Kind Allgemeinwissen zu vermitteln, sein Können zu fördern, denn wer über Bildung verfügt, kann eher über den Tellerrand hinausschauen. Ein erweiterter Horizont fördert auch die Kreativität.
- Kinder sind experimentierfreudiger als Erwachsene, wollen Unbekanntes ausprobieren, wollen neue Kommunikations- und Ausdrucksmöglichkeiten austesten und vervollkommnen. Sie probieren gerne neue Sprachen aus, etwa die Sprache der Malerei, der Musik, der Pantomime, des Tanzes ... Bekräftigen Sie Ihr Kind in seiner Experimentierfreude.
- Zeigen Sie Interesse. Teilen Sie die Anliegen Ihres Kindes nach Möglichkeit. Sprechen Sie mit ihm über seine Ideen, Pläne, Anliegen. Seien Sie auch auf spleenige Ideen, seine kindlichen Spinnereien, neugierig und erwarten Sie nicht, dass es Ihr Erwachsenendenken teilt.
- Halten Sie sich mit Erwartungen, Bewertungen und Verbesserungsvorschlägen zurück.
- Bringen Sie Ihrem Kind bei, wie es sich organisieren, seine Vorstellungen auf die Reihe bringen kann.
- Üben Sie sich bei allem Engagement generell in Zurückhaltung, mischen Sie sich nicht vorschnell ein, sondern nur in dem Maße, wie es Ihr Kind wünscht.
- Stellen Sie Ihrem Kind nur Aufgaben, die eine wirkliche Herausforderung darstellen. Noch besser: Ermutigen Sie es, seine eigenen Ideen zu entwickeln und auszuprobieren.
- Stehen Sie als Ansprechpartner möglichst oft zur Verfügung, denn ist niemand da, der nachfragt, nachhakt, präsent

ist, wenn ein Kind seine Ergebnisse präsentieren will, dann erhält seine Kreativität einen empfindlichen Dämpfer.

- Sammeln Sie mit Ihrem Kind möglichst viele unterschiedliche Lösungsvorschläge zu anstehenden Problemen (voreiliges Bewerten ist verboten). Später überlegen Sie gemeinsam, welche Vorschläge zu gebrauchen sind und welche nicht.
- Erfindungsreichtum entwickelt nur, wer über genug Muße verfügt. Wer zu Hause und in der Schule Freiräume hat, kann Kreativität zeigen und entfalten.
- Selbst wenn Ihr Kind sehr zufrieden mit seinem Können und Wissen ist, wenn es an seinen Herausforderungen wächst und sich an seiner Kreativität freut, müssen noch weitere Rahmenbedingungen seiner Entwicklung stimmen. Damit seine Talente sichtbar werden und seine Kreativität wachsen kann, braucht es Wertschätzung, Anerkennung, Ermutigung. Wenn Eltern ihr Kind unterstützen, gleichzeitig zu Höchstleistungen ermutigen, spornen sie es an.

Traumgeschichten: Im Schlaf lernen?

Gute Laune, vielseitige Interessen, abwechslungsreiche Erfahrungen und umfangreiches Wissen tragen dazu bei, dass sich Informationen im Gehirn festigen können. Dieser Prozess finde sogar im Schlaf statt, sagt die Wissenschaft. Denn wer gut schläft, prägt sich Fakten und Daten vermutlich besser ein, abhängig von den jeweiligen Schlaf- und Traumphasen. Das eine Gehirn braucht viel Schlaf, das andere weniger, um das Tagesgeschehen und angesammelte Informationen gut aufzuarbeiten. Träume haben bei diesen »Aufräumarbeiten« eine besondere und tiefere Bedeutung, denn sie helfen beim Sortieren der unterschiedlichen Eindrücke, arbeiten Gefühle wie Angst, Freude, Traurigkeit auf. Übrigens träumen kleine Kinder häufiger als große.

In Träumen ist nichts unmöglich, nichts verboten. In den Traumwelten gerade der Drei- und Vierjährigen sind gerne düstere Gestalten unterwegs, oft Schlangen, Krokodile, aber auch Löwen und Tiger, Hunde und Katzen – lauter Tiere, die als Symbole für ganz Unterschiedliches stehen. Mit zunehmendem Alter werden die Träume immer komplexer.

Erwachsene können ein Kind behutsam animieren, seine Träume wiederzugeben, vielleicht indem sie von ihren eigenen Träumen berichten. Erzählt Ihr Kind von seinen Träumen, sollten Sie es immer ernst nehmen und behutsam auf seine Erzählung eingehen. Besonders aufregende, vielleicht auch bedrohliche Träume kann man aufmalen, nachkneten, mit Spielsachen nachstellen – lauter Möglichkeiten, sich damit auseinanderzusetzen. Ein Kind, das unter seinen Träumen leidet, kann z. B. bedrohliche Gestalten im Spiel überwältigen: die Halunken mit Hilfe der »Guten« auf ein Schiff verfrachten und dann in die Ferne schicken.

Selbstvertrauen stärken

Ein weiterer Förderbereich für Begabte: Stärken Sie das Selbstvertrauen Ihres Kindes. Denn wer über ein gutes Selbstvertrauen verfügt, kann mehr aus seinen Begabungen machen.

Um das Thema Selbstvertrauen drehen sich viele Fragen: »Wie reagiert die Umwelt auf mein Können oder Nichtkönnen? Was sagen meine Mitmenschen dazu?« Darüber hinaus betrachtet ein Kind sich selbst und versucht, eigene Schwächen und Stärken zu erkennen.

● **Selbstsichere** zweifeln nicht daran, ihre Ziele zu erreichen. Sie mobilisieren alle Kräfte, setzen ihr ganzes Talent ein, um voranzukommen, und lassen sich durch Schwierigkeiten nicht abschrecken. Sie nehmen das Zepter in die

Hand und gewinnen. Wer von sich selbst und von seinen Fähigkeiten überzeugt ist, handelt, denkt, empfindet sich als kompetent, glaubt an sich und hievt sich selbst, so schwungvoll wie möglich, auf die Erfolgsschiene. Wer viele Erfolgserlebnisse sammelt, der malt sich daraufhin ein noch besseres Selbstbild. Dieser Glaube an sich selbst kann Berge versetzen. Er kann sogar mittelmäßig Begabte zu Höchstleistungen anspornen.

- **Weniger Selbstsichere** werfen dagegen die Flinte schnell ins Korn, verzichten darauf, ihre Begabungen einzubringen, und verfehlen ihre Ziele oft, obwohl sie grundsätzlich die Fähigkeiten hätten, sie zu erreichen. Wenn es ihnen an Selbstvertrauen mangelt, bringen auch Hochbegabte oft nur mittelmäßige Leistungen.

Kein Zweifel: Ein gutes Selbstvertrauen stärkt Ihr Kind und sorgt für erfolgversprechende Lebenserfahrungen. Wer über ein gutes Selbstvertrauen verfügt, steht meistens ziemlich stabil im Leben:

- **Selbstvertrauen** bringt Ihr Kind seinen Zielen näher. Intuitiv wählt es dann genau die Aufgaben aus, die es bewältigen kann. Bereiche, in denen es dagegen nicht glänzen kann, meidet es eher.
- **Selbstvertrauen** bestimmt, wie viel Aufwand es mobilisiert, um vorwärtszukommen. Wer von sich und seinem Können überzeugt ist, investiert mehr Energie, steckt Misserfolge eher weg als ein Selbstzweifler.
- **Selbstvertrauen** prägt die Denkweise Ihres Kindes, denn damit ausgerüstet sieht es in erster Linie Hinweise, die zum Erfolg führen können, und fegt Bedenken eher zur Seite.
- **Selbstvertrauen** führt dazu, Erfolge als Ergebnis eigener Begabung, eigenen Einsatzes zu verbuchen, Misserfolge dagegen als unangemessenen Schicksalsschlag (»Die anderen sind schuld!«).

Stress und Angst: oft zerstörerisch

Eislaufmütter gelten als Symbol für zielstrebige Erwachsene, die ihre Kinder aus falsch verstandenem Ehrgeiz zu Höchstleistungen antreiben. Wer laufend hochgepuscht und angetrieben wird, leidet oft unter erbarmungslosem Druck und Stress, reagiert mit Angst. Auch die Furcht, sich zu blamieren, durch eine Prüfung zu rasseln oder einen Wettkampf zu vermasseln, erzeugt Stress. Angst und Stress verderben den Spaß, engen ein. Alle Kraft richtet sich darauf, den beängstigenden Gefühlen zu entkommen, was die Kreativität behindert. Die Folgen sind innere Unruhe, Erregung und mangelndes Selbstvertrauen: Eine immense Anspannung verbreitet sich. Übt ein Kind sein Talent unter Angst und Stress, dann entwickelt es nicht nur sein Können, sondern übt damit gleichzeitig die negativen Gefühle ein. Wer mit bangen Gefühlen zur Klavierstunde schleicht, wird diese beklemmenden Gefühle mit in die Zukunft nehmen.

Aufgrund dieser Anspannung macht manches Kind dicht, will von seinem besonderen Talent nichts mehr hören, sondern seine Ruhe haben. Unter Stress und Angst entwickelt sich kein Talent weiter – egal, wo die Begabung liegt. Unter diesen erschwerten Bedingungen kann aus dem Üben, dem Lernen nichts werden. Nehmen die Erregung und das damit einhergehende Chaos im Kopf weiter zu, wird sogar bereits gespeichertes Können und Wissen nicht mehr erinnert und kann nicht mehr genutzt werden. Nur ältere, früher entwickelte, bereits fest verankerte Muster funktionieren noch. Eine häufige Auswirkung von Überforderung, Stress, Angst: Weil es nicht mehr weiter weiß, schreit und schlägt das Kind. Oder es stellt sich stur, will nichts mehr hören und sehen von seinem Talent. Oder es zieht sich zurück, verkriecht sich in sein Zimmer. Wer sich ohnmächtig fühlt und beschämt ist, reagiert oft wütend, zornig oder resigniert auf die erlebte Enttäuschung.

Was können Eltern tun gegen diese destruktiven Gefühle? Schaffen Sie wieder Vertrauen. Bestärken Sie Ihr Kind in seinem Talent. Vertrauen wirkt heilend, hilft gegen das große Durcheinander im Kopf, stellt die zur Entwicklung eines Talentes erforderliche Offenheit und innere Ruhe wieder her. Deshalb sucht jedes Kind enge Beziehungen zu Menschen, die ihm Sicherheit bieten und den Glauben an sein Talent stärken, die ihm helfen, Krisenmomente zu überstehen, und ihm nicht nur sagen, sondern vorleben, was nötig ist, um die eigenen Begabungen zu hegen und zu pflegen. Auf solch einem sicheren, breiten Fundament kann Ihr Kind seine Talente weiterentwickeln, seine Möglichkeiten ausbauen und seine Fähigkeiten und Fertigkeiten entfalten.

So fördern Sie Selbstvertrauen

Die Förderung von Selbstvertrauen ist sicherlich ganz generell eine der wichtigsten elterlichen Aufgaben, gerade und besonders bei der Begabungsförderung.

- **Für Erfolgserlebnisse sorgen.** Wer gute Leistungen bringt, wer als begabt gilt, ist häufig erfolgreich. Erfolgserlebnisse tun der Seele gut.
- **Loben und belohnen.** Junge Menschen genießen ihr Können. Wer viel, gerne und gut malt, tanzt, schreibt oder Tischtennis spielt, ist einfach guter Laune und entwickelt neue Ideen. Erntet er dafür Applaus, Lob, Anerkennung, ist das Ansporn, sich weiter anzustrengen und mehr aus seinem Talent zu machen. Ermutigen Sie Ihr Kind immer wieder. Lob bringt neuen Schwung. Ihr Kind braucht ein Lob für selbstgemalte Bilder (»Habe gar nicht gewusst, dass du so gut malen kannst!«). Ein anerkennendes Schulter-

klopfen für den selbstgebackenen Apfelkuchen (»Der war sehr lecker!«). Eine gute Zensur im Diktat (»Deine Rechtschreibkünste entwickeln sich!«). Eine Urkunde für gute Leistungen im Sport (»Wir sind stolz auf dich!«). Ab und zu können Belohnungen dazukommen. Sie können ein Anreiz sein, dürfen aber nicht in permanenter Verwöhnung ausarten. Loben Sie Ihr Kind nicht übertrieben, belohnen Sie es nicht übermäßig, denn ein Zuviel an Verwöhnung kann nicht nur Ansprüche wecken, sondern auch misstrauisch machen, nach dem Motto: »Wenn ich bei Kleinigkeiten so in den Himmel gehoben werde, muss sonst nicht viel mit mir los sein.« Die besten Mutmacher: Aha-Erlebnisse wirken so anfeuernd wie mächtiger Applaus.

- **Ermutigen.** Wer ein besonderes Talent entdeckt und entwickelt, wird auch von Selbstzweifeln geplagt: Reicht meine Begeisterung, meine Begabung, um gut Geige zu spielen? Reicht mein Engagement, um erfolgreich Fußball zu spielen? Wie bei Erwachsenen ist auch die Bereitschaft Ihres Kindes, sich auf Neues einzulassen, Neues auszuprobieren um so größer, je selbstsicherer es ist und je größer sein Vertrauen in die Menschen und Dinge des Lebens ist. Stärken Sie sein Selbstvertrauen immer wieder aufs Neue.
- **Die Anstrengung würdigen.** Schon frühzeitig zeigen Kinder bestimmte Vorlieben, Interessen, sogar Talente. Das eine malt gerne. Stundenlang ist es mit seinen Bildern beschäftigt, und alle bestaunen sein Können. Das andere spielt ausdauernd, ganz freiwillig Flöte – und zwar gar nicht schlecht. Beschäftigen sie sich intensiv mit einer Sache, zeigen nicht Wenige erstaunliche Fähigkeiten und richtig gute Leistungen. Deshalb muss der kleine Experte noch kein Wunderkind sein. Zeigen Sie Ihrem Kind Ihre Liebe, Ihre Bewunderung für sein Können und seine Anstrengung.
- **Fehler zulassen.** Fehler und Misserfolge gehören zum Leben. Wer ohne Angst Fehler machen darf, erkennt, dass

sie auch Positives bewirken. Man lernt, nicht aufzugeben, über Hindernisse und Misserfolge hinweg neu durchzustarten, an das eigene Talent trotz aller Hürden zu glauben – diese Erfahrung stärkt das Selbstvertrauen und bringt ein Kind in seiner Entwicklung weiter.

Motivation: mit Leidenschaft dabei sein

Ihr Kind verfügt von Natur aus über eine große Lernlust und Begeisterungsfähigkeit. Seine Motivation ist einfach da, muss nicht erst wachgeküsst werden. Sie entwickelt sich prächtig, wenn man ihr genug Spielraum lässt, sie also nicht unnötig einengt. Genau das tun aber manche Eltern – wenn auch ungewollt. Sie neigen mit ihren Erziehungsmaßnahmen dazu, ihrem Kind ein kostbares Gut zu nehmen, das es mitgebracht hat: seine Fähigkeit, tief versunken seinen Lieblingsbeschäftigungen nachzugehen, seine Talente selbst zu entdecken und auszubauen – und das alles mit viel Begeisterungsfähigkeit. Verständnislosigkeit oder Gleichgültigkeit von Seiten der Eltern kann jede Motivation schnell zerstören. Das Kind verliert seine angeborene Lernlust, seine Kraft, Energie und Freude am eigenen Gestalten. Es verliert seinen Elan, wenn es mit seinem Wissen und Können nicht weiterkommt und meint: Egal, was ich will, was ich mache, was ich frage, denke oder fühle, es scheint meine Umwelt nicht zu interessieren. Ist die Motivation erst einmal erlahmt, lässt sie sich nur schwerlich wieder entfachen und aufbauen.

So pflegen Sie die Motivation Ihre Kindes

Alle Kinder sind mit Freude bei der Sache, fasziniert von ihrem eigenen Können. Motivation muss nicht erst wachgerüttelt werden: Kinder bringen sie mit auf die Welt. Die Fähigkeit, sich zu begeistern, entwickelt sich prächtig, wenn man sie bewundert und sich entfalten lässt.

- Bieten Sie Ihrem Kind locker und lässig, vor allem unaufdringlich viele und ganz unterschiedliche Aufgaben und Herausforderungen an, aber überschütten Sie es nicht mit Angeboten und Anreizen.
- Animieren Sie es, sich sinnvoll zu beschäftigen, bringen Sie ihm Beschäftigungsprogramme nahe, die Einsatz und Können verlangen: Aufgaben, die Ansprüche stellen, denn sie schieben die Motivation an. Jedes Kind will seinem Entwicklungsstand, seinem Können entsprechende Herausforderungen stemmen. Auf der anderen Seite sollten Sie keine überhöhten Anforderungen stellen. Es ist manchmal nicht einfach, hierbei einen guten Mittelweg zu finden. Die Schwierigkeit für Sie besteht darin, das richtige Maß an Herausforderung zu finden. Wer legt das fest? Lehrer, Trainer? Das ist oft eine Sache von genauer Beobachtung, Intuition und Vertrauen.
- Freuen Sie sich mit, wenn Ihr Kind einen weiteren Meilenstein in seiner Entwicklung geschafft oder etwas Eindrucksvolles zustande gebracht hat.
- Zeigen Sie Interesse an neuen Erkenntnissen. Schwingen Sie mit, freuen Sie sich mit, wenn Ihr Kind auf Forschungsreise geht, die Welt aus den Angeln heben will oder seine Forschungsergebnisse präsentiert. Nehmen Sie die Lieblingsbeschäftigungen und Passionen Ihres Kindes ernst. Gehen Sie auf Augenhöhe mit ihm um.
- Machen Sie ihm Mut zu viel Eigeninitiative, nicht mit erhobenem Zeigefinger und in Befehlsform, sondern mit Humor.
- Räumen Sie diskret Hürden aus dem Weg, ebnen Sie Pfade, wenn es sein muss (aber nicht zu häufig).
- Ermutigen Sie Ihr Kind, sich Ziele zu setzen, diese Ziele nicht aus den Augen zu verlieren und möglichst zu erreichen – und auch nach Misserfolgen weiterzumachen.

- Stärken Sie die Ausdauer Ihres Kindes, z. B. indem Sie mitmachen. Wenn Sie etwa beim Joggen Durchhaltevermögen zeigen, zieht Ihr Kind eher mit. Wenn Sie begeistert weitermachen, auch wenn Ihr Kind beim Malen schwächelt, animieren Sie es vielleicht, ebenfalls am Ball zu bleiben.
- Jeder hat sein eigenes Tempo. Überlassen Sie es Ihrem Kind, seines zu finden. Mancher will sich Zeit nehmen, sich vertiefen, Dingen auf den Grund gehen, während ein anderer direkt und schleunigst, ohne Umwege, das Ziel erreichen will, das er sich gesteckt hat.
- Ermöglichen Sie Ihrem Kind viele Erfahrungen, bei denen es merkt: Ich kann etwas bewegen, meine Aktivität und Produktivität zeigen Wirkung: Ich fabriziere Nützliches, Dinge, die wir brauchen können.
- Fragen stellen und Fragen erschöpfend und eindeutig beantworten – eine Fähigkeit, die schon früh eingeübt werden kann. Jedes Kind sollte seine Fragen – und die sind ganz individuell – so früh wie möglich und so erschöpfend wie möglich beantwortet bekommen. Wenn Sie auf die Fragewut, die Neugierde und Wissbegierde Ihres Kindes fröhlich eingehen, wenn Sie nachhaken, weiterfragen, zeigen Sie ihm damit, dass Ihnen sein Verhalten, seine Einstellung, seine Betrachtungsweise gut gefallen. Das ist für Ihr Kind nicht nur Motivation weiterzufragen, sondern für Sie auch eine Möglichkeit, besondere, verborgene Interessen und Begabungen zu entdecken.
- Jedes Erfolgserlebnis löst Wohlbefinden und Zufriedenheit aus. Ihr Kind entwickelt daraufhin umso größere Lust, Neues zu erkunden. Intensive Lernlust kann durch Phasen der Erschöpfung und des Ausruhens unterbrochen werden, in denen das Erforschte noch einmal aufgearbeitet wird. Das kann auch im Schlaf geschehen (Tiefschlafphase). Danach sollte wieder eine Phase voller Herausforderungen angesagt sein, denn zu langweiliges Gleichmaß schadet: Wird

das Gehirn zunehmend zur Bewältigung langweiliger Routineaufgaben benutzt, werden seine Nervenverschaltungen immer starrer. Längerer Stillstand sollte deshalb nicht sein.

- Begeistert sich die Familie für das Können eines Kindes, setzt sie sich für seine Begabungen ein, ist damit eine wichtige Voraussetzung für eine positive Talentförderung gegeben. Freuen Sie sich gemeinsam mit Ihrem Kind über sein Talent. Sagen Sie ihm nicht nur mit Worten, sondern signalisieren Sie ihm durch Ihre ganze Haltung, wie wichtig Sie sein Anliegen nehmen. Drücken Sie Ihre Wertschätzung, Ihre Liebe, Ihr Vertrauen aus. Sind Sie engagiert und leidenschaftlich bei der Sache, springt der emotionale Funke über, entzündet neue Kräfte, und diese Energie bringt das Talent Ihres Kindes weiter.

- Gehen Sie auf die Individualität Ihres Kindes ein. Jedes Kind hat seine eigene Wesensart, seine eigenen Schwerpunkte, sein eigenes Tempo.

Keine perfekten Eltern?

Eltern haben manchmal einfach keinen Nerv für Kinderangelegenheiten, keine Geduld, kein Interesse. Sie machen auch Fehler im Umgang mit ihrem Nachwuchs. Das ist kein Problem, denn Kinder wünschen sich liebevolle, zugewandte Mütter und Väter und keine Perfektionisten.

Außerdem haben Unzulänglichkeiten einige Vorteile: Wer sein eigenes Unvermögen sehen, wer Fehler zugeben kann, geht meistens nachsichtiger mit den Fehlern anderer um. Auch mit den Fehlern, die Kinder machen. Vortreffliche Erwachsene mit Anspruch auf Vollkommenheit sind Kindern dagegen ein Graus, denn mit ihren genauen Vorstellungen setzen sie andere unter Druck, machen Stress und verbreiten Angst. Und das ist nichts für Kinder.

Für innere Ausgeglichenheit sorgen

Wer eine gute Meinung von sich selbst und seinen Fähigkeiten entwickelt, wer an sich selbst glaubt, sich einsetzt und anstrengt, der verschafft sich eine gute Startposition bei der Entwicklung seiner Potenziale. Die Kehrseite der Medaille: Hohe Anforderungen und Ansprüche an sich selbst überfordern manchen. Entspannungsübungen können dem vorbeugen und neue Kraftquellen erschließen. Ein wichtiger Aspekt dabei: der Spaß an der Sache sollte im Vordergrund stehen.

Neue Energie tanken

Mit den folgenden Übungen können Sie die innere Ausgeglichenheit Ihres Kindes fördern, für Entspannung sorgen und damit gleichzeitig seine Leistungsfähigkeit steigern:

- **Visualisieren.** Auf Phantasiereise gehen. Zur Entspannung denken Sie sich gemeinsam mit Ihrem Kind Szenarien aus, spielen in Phantasiegeschichten »Lieblingsthemen« durch, indem Sie aus der Vogelperspektive auf das Leben herabschauen (vom fliegenden Teppich aus), Wünsche wahr werden lassen (beim Besuch bei einer guten Fee) und neue Möglichkeiten erforschen (während eines Ausflugs in eine Unterwasserwelt). Dabei werden Gefühle durchgespielt und vorweggenommen. Der Vorteil: Wer Gefühle in Gedanken schon einmal erlebt hat, kann sie später in der Realität besser steuern, und die Gefahr ist geringer, von ihnen überrollt zu werden. Ältere Kinder sind bereits in der Lage, beim gezielten Phantasieren feste Ziele ins Visier zu nehmen und entsprechende Geschichten dazu zu konstruieren. Sie beschäftigen sich im Geiste vor allem mit dem Weg zu ihren Zielen. Fachleute sehen in diesen Spielen eine ideale mentale Vorbereitung auf bestimmte Situationen, später auch auf Prüfungen, Bewährungsproben, Begabungstests.

- **Konzentrieren.** Schalten Sie gemeinsam mit Ihrem Kind einen Gang zurück. Sprechen oder gehen Sie betont langsam. Nehmen Sie zuerst die Umwelt in vielen Facetten wahr, richten Sie den Blick dann auf die eigene Person: Wie fühlt sich der Kopf an? Der Bauch?
- **Richtig atmen.** Atmen Sie mit Ihrem Kind tief ein und aus, ruhig und gleichmäßig und in den Bauch hinein. Das dämmt den Stress ein. Beobachten Sie die Atmung.
- **Positiv denken.** Das Denken beeinflusst die Leistungsfähigkeit. Positive Gedanken können am Erfolg mitwirken. Dabei helfen Rituale: Ballspieler lassen ihren Ball springen – jeder gute Gedanke ein Hüpfer. Musiker haben bei Auftritten einen Talisman dabei.
- **Abwechseln.** Begabungen müssen trainiert werden. Animieren Sie Ihr Kind dazu, lieber häufiger, dafür aber kürzer zu üben, wenn es sein Talent entwickeln will. Ein steter Wechsel zwischen Arbeit und Entspannung tut gut. Das bringe generell mehr als langes Üben am Stück, sagen die Fachleute. Lange Pausen sind nicht nur zum Abhängen, Essen und Ausruhen da, sondern auch zum Reden. Hier kann Ihr Kind von sich und seinen besonderen Interessen erzählen.

Selbstkritik hilft weiter

Richten Sie Ihren Blick nicht nur auf Ihr Kind. Manchmal bringt es mehr Erkenntnisse, sich die eigenen Stärken und Schwächen bewusst zu machen. Ein paar Tipps dazu:

★ Gehen Sie auf Abstand. Schauen Sie genau hin. Wie verhalten Sie sich im Umgang mit Ihrem Kind? Rühmen Sie vielleicht nur großartige, aus dem Rahmen fallende Leistungen, oder sehen Sie auch kleinere? Stellen Sie zu viele, vielleicht auch zu hohe Anforderungen an Ihr Kind? Zeigen Sie ihm Ihre Liebe, Ihre Wertschätzung? Bewegen Sie sich zu oft in gewohnten Fahrwassern – das heißt: Experimentierkasten für Jungen und Grimms Märchen für Mädchen? Wer häufiger auf Distanz zu sich selbst geht, wer sich in kritischer Selbstbetrachtung übt, kann dabei seinen Stärken, aber auch seinen Schwächen auf die Spur kommen, kann dazulernen und sich korrigieren (oder es wenigstens versuchen).

* Lassen Sie sich nicht zu sehr von den vermeintlichen Talenten anderer Kinder beeindrucken, die von deren stolzen Eltern gepriesen werden. Erstens stimmt nur die Hälfte, und zweitens ist jedes Kind ein kostbarer Solitär, will auch so gesehen werden – und keinesfalls mit anderen verglichen werden: Das ist das beste Abschreckmittel. Schließlich ist es doch kein Wunder, dass ein Kind, das an einem See aufwächst, besser schwimmt, und ein anderes, das im Gebirge groß wird, schneller über die Pisten rast. Dass sich eines, dessen Vater Pfarrer ist, tiefere Gedanken über Gott und die Welt macht, als eines, das dafür ein Meister im Vorlesen ist, weil zu Hause viele Bücher herumstehen.

* Verzichten Sie darauf, Ihr Kind in eine bestimmte Richtung zu drängen. Es spielt keine Rolle, dass Sie selbst vielleicht gerne malen oder musizieren. Ihr Kind muss deshalb noch lange kein Faible dafür haben.

Viele Kleinigkeiten mit großer Wirkung

Mit Kindern leben, ihre Begabungen sehen und fördern – ein anspruchsvolles Programm für einsatzbereite Eltern, aber auch eine große Freude und ein dickes Erfolgserlebnis für sie, wenn sie miterleben, wie es fruchtet. Voraussetzung dafür: Ihr

Kind muss mitspielen. Es muss mit sich im Reinen sein, fest im Leben stehen.

Begleitende Maßnahmen

Erfolgreiche Förderprogramme sind nicht nur der große Wurf, sondern bestehen daneben aus vielen kleinen Aufmerksamkeiten und kurzen Momenten. Dazu einige Anregungen:

- Machen Sie sich Notizen, dokumentieren Sie den Entwicklungsprozess Ihres Kindes in einem stichwortartigen Tagebuch, vielleicht sogar mit Fotos. Das macht Spaß und gleichzeitig Sinn: Wenn Sie die Entwicklung Ihres Kindes in Stichworten festhalten, schärft sich Ihr Blick, und Sie können immer wieder nachlesen, wenn später Fragen auftauchen. Vielleicht hat auch Ihr Kind Spaß daran, in diesen Unterlagen zu blättern und zu lesen.
- Beachten Sie die Wünsche und Bedürfnisse Ihres Kindes. Es weiß, was es will, und sagt das auch. Sie müssen nur zuhören. Natürlich muss Ihr Kind sich zu Hause, im Kindergarten, in der Schule auch in Grundfertigkeiten üben wie etwa Schuhe binden, Aufräumen, Rechnen und Schreiben. Im Alltag ist nicht nur Kür, sondern auch Pflicht angesagt. Aber dieses Pflichtprogramm sollte nicht zu viel Raum einnehmen und auf Kosten der Lieblingsbeschäftigungen und eigentlichen Begabungen gehen. Ein schwieriger Lernprozess für Eltern und Kind, die einen guten Mittelweg finden müssen zwischen Pflicht und Kür.
- Bevor Sie Ihr Kind in einem Verein oder bei einem Kurs anmelden, reden Sie mit ihm. Fragen Sie es und nehmen Sie seine Meinung ernst. Und fragen Sie sich auch selbst: Hat mein Kind jemals Interesse dafür gezeigt? Verabreden Sie Probestunden. Hat sich Ihr Kind nach einer Bedenkzeit für ein Angebot entschieden, sollte es eine Weile dabeibleiben. Nach ein paar Stunden musikalischer Früherziehung wie-

der aussteigen? Erst zur Theatergilde marschieren und nach drei Proben sagen: Ich mag nicht mehr? Das gibt es nicht! Jetzt ist Durchhalten angesagt, bis der Kurs beendet ist.

- Jüngere Kinder verkraften neben ihrem meist umfangreichen Alltagsprogramm nicht mehr als zwei Zusatztermine. Dazu zählen auch Kindergeburtstage, Familienfeiern, Zoobesuche ... Der Grund: Sie brauchen darüber hinaus genug Zeit zum Spielen, Basteln, Lesen, Träumen – alles begabungsfördernde Maßnahmen.

- Wenn Sie von Ihrem Kind erwarten, dass es sich in der Schule einbringt, sollten Sie die Schule ebenfalls ernst nehmen. Versuchen Sie zum Beispiel bei gemeinsamen Unternehmungen an das Schulwissen anzuknüpfen. Lesen Sie bei einer Schlossbesichtigung über das Leben auf Schlössern vor. Erzählen Sie im Museum vom Mittelalter, in Kirchen von Baumeistern aus früheren Jahrhunderten. Zeigen Sie, wie und wo sich die Städte verändern. Berichten Sie von fernen Ländern. Zeigen Sie, wie sich die Landwirtschaft entwickelt hat. Hat Ihr Kind Freude an solchen gemeinsamen Aktionen, kann das wiederum der Anstoß sein, Schulwissen zu vertiefen.

- Tun Sie etwas gegen Langeweile, wenn sie überhand nimmt. Langeweile kann die Lernlust dämpfen. Allerdings können Phasen von Langeweile auch dazu animieren, wieder aktiv zu werden, um dieser öden Erfahrung zu entrinnen und sich auf seine Stärken zu besinnen.

Häufige Förderfehler meiden

Die meisten Eltern tun alles, damit sich ihr Kind gut entwickelt. Manchmal ist ihr Einsatz jedoch kontraproduktiv, und sie schwächen die Talente statt sie zu stärken. Im Folgenden finden Sie die häufigsten Fehler:

- **Mangelnde Diskretion.** Kindern beim Üben über die Schultern schauen? Ganz unbeliebt, denn das macht jeden kribbelig. Was tun? Auf Abstand gehen!
- **Unangenehme Benotung.** Ungefragt Zensuren verteilen, vorhandene Stärken und Schwächen zensieren, Verhalten bewerten – alles ziemlich unangenehm und nicht gerade leistungssteigernd. Was tun? Verzichten Sie auf Kommentare und Bewertungen, denn darauf reagieren Kinder empfindlich. Beurteilen Sie das Talent Ihres Kindes auch nicht nach Schema F, denn damit werden Sie ihm nicht gerecht.
- **Drill und Druck.** Keiner lässt sich gerne unter Druck setzen. Das macht nervös und wirkt eher kontraproduktiv. Kommen Sie auch nicht mit zu hohen Erwartungen und genauen Vorstellungen. Selbst nett verpackte Gängelei sorgt für zerstörerischen Stress. Was tun? Lassen Sie den Drill, denn er zerstört die natürliche Lust am Gestalten, ist Gift für die Motivation und die Freude.
- **Extraprogramme.** Nullachtfünfzehn-Talenteförderprogramme bringen nicht viel, verderben eher den Spaß an der Sache. Wenn Sie die besonderen Fähigkeiten, das spezielle Wissen und die ausgeprägten Interessen Ihres Kindes übergehen, bleiben viele Potenziale ungenutzt. Was tun? Individuell und maßgeschneidert fördern.
- **Herbe Enttäuschung.** Sagen Sie Ihrem Kind bitte nicht, dass Sie mit seinem Talent nicht viel anfangen können. Machen Sie sich auch nicht lustig über sein Faible oder seine Vorlieben. Es bringt auch nicht viel, Begeisterung vorzutäuschen, denn ein Kind spürt sofort, wenn ihm Theater vorgemacht wird. Was tun? Respekt erweisen.
- **Überehrgeizige Eltern.** Wenn sie sich mit viel Ehrgeiz daranmachen, ihr Kind ungefragt mit unterschiedlichsten Begabungsförderprogrammen zu versorgen, wenn sie ihm Begabungen einreden, auf die außer ihnen keiner kommt, und Talente auszureden versuchen, die ihnen nicht in ihr Erzie-

hungskonzept passen (»Meine Tochter soll Juristin werden und nicht Krankenschwester!«), sollten Eltern den Rückwärtsgang einlegen. Denn diese Haltung wirkt kontraproduktiv. Kein Kind mag sich so triezen lassen, jedes reagiert darauf bockig. Und noch eins: Kinder überehrgeiziger Mütter und Väter entwickeln die Angst, nicht geliebt zu werden, wenn sie den Vorstellungen ihrer Eltern nicht entsprechen. Diese Angst führt zu Unsicherheit. Und Unsicherheit blockiert die Entwicklung von Begabung, Interesse und Neugier. Was tun? Die Blockaden schleunigst zur Seite räumen. Mehr Aufmerksamkeit schenken. Die eigenen überzogenen Vorstellungen in den Koffer packen.

• **Mangelnde Motivation.** Nicht wenige Eltern richten ihr Augenmerk gerne zuerst auf Schwächen ihres Kindes und üben Kritik wie:»Du hast nicht genug geübt. So wird nichts daraus« (aus dem Flöten, Einradfahren, Schlittschuhlaufen). Oder sie tun den Wissensdrang, die Experimentierfreude ihres Kindes ab, unterdrücken beides sogar, etwa weil ihnen andere Schwerpunkte, andere Themen gerade wichtiger zu sein scheinen. Sie sehen über die Passionen ihres Kindes hinweg, nehmen sie nicht wirklich ernst, weil sie schlicht andere Prioritäten setzen. Sie lenken vielleicht mit Sätzen ab wie:»Interessant, dass du mehr malen willst, aber eigentlich erwarte ich von dir, dass du dich erst einmal intensiver um deine Matheprobleme kümmerst!« Weil sie zu gedankenlos, zu gleichgültig oder zu stark auf das Funktionieren geeicht sind – »Schließlich müssen wir unseren Sohn ja fit für die Zukunft machen!« –, rauben nicht wenige Eltern ihrem Kind damit das Beste, was es mit auf die Welt gebracht hat: seine Fähigkeit, sich glühend für alles, was diese Welt bietet, zu interessieren und einzusetzen. Oder es folgt den elterlichen Aufforderung und Vorstellungen, und dann wird sein Denken auf eine Spur gebracht, die es eigentlich gar nicht einschlagen wollte. Ein derart beraubtes

Kind entwickelt keine sichtlichen Talente. Es zieht sich eher zurück. Oder es vernachlässigt extra und mit Fleiß seine Stärken und Interessen. Seine Motivation, sich für seine Talente einzusetzen, erleidet einen deutlichen Dämpfer. Es verliert vielleicht sogar ganz die Freude am Lernen, die Freude, seine Stärken zu entdecken und auszubauen. Es verliert seinen Elan, wenn es mit seinen Fähigkeiten nicht weiterkommt. Vielleicht denkt es auch: Ich bin unwichtig, denn es interessiert keinen, was ich meine und tue. Eigentlich habe ich hier keinen Platz. Was tun? Eine Kehrtwende machen. Ab jetzt mit ganzem Herzen bei der Sache sein, Verständnis, Zuwendung und Interesse zeigen.

- **Einseitigkeit.** Erwachsene vergessen leicht, dass ein Kind nicht nur Wörter und Sätze benutzt, um sich verständlich zu machen, sondern weitere Ausdrucksmöglichkeiten hat wie tanzen, singen, turnen … Diese Fähigkeiten werden oft gering, rationale Kommunikationsmöglichkeiten dagegen hoch eingeschätzt und weit positiver beurteilt. Diese Einseitigkeit verengt den Blick. Rationale Kommunikationsverfahren kann man auf später vertagen: Zum Beispiel lernt man jenseits der zwanzig auch noch neue Rechenverfahren. Aber vieles, was sich in früher Kindheit an Intelligenz ausbilden und einüben lässt, wie etwa räumliche Vorstellungskraft und Gestaltungsfähigkeit beim Malen oder Basteln, gilt nicht viel und wird deshalb vernachlässigt. Ein Fehler, sagen die Neurobiologen. Was tun? Weniger an die Zukunft denken als an die Gegenwart. Sich eher an entwicklungspsychologischen Maßstäben und den speziellen Vorlieben eines Kindes orientieren und nicht die eigene Rationalität zum Maßstab aller Dinge erklären.

- **Desinteresse.** Natürlich wollen Kinder ihre Freiheiten haben und brauchen sie auch. Werden Kinder aber vernachlässigt, überlässt man es aus falsch verstandenem Freiheitsdenken ihnen, sich selbst zu erziehen, werden sie meist zu wenig gefordert und gefördert. Was tun? Den Weg in der Mitte zwischen den beiden Polen suchen.

- **Voreingenommenheit.** Nicht selten übersehen Eltern wesentliche Fähigkeiten oder lassen Talente gar nicht erst aufkeimen, weil sie zu viele, zu strikte Erwartungen an ihr Kind haben oder gar keine, nach dem Motto:»Wird ja sowieso nichts!« In ihrer Voreingenommenheit und aufgrund ihrer Vorurteile schätzen sie die Entwicklung ihres Kindes falsch ein, übersehen, was sie nicht übersehen sollten: versteckte Stärken und verborgene Talente, die nicht auf den ersten Blick ins Auge fallen. Was tun? Einen klaren Blick gewinnen, das Kind und seine Fähigkeiten in den Fokus nehmen und nicht die eigenen Erwartungen.
- **Besserwisserei** und Bevormundung bringen nur Ärger. Schrecklich, diese Erwachsenen, die sich ungefragt einmischen, belehren müssen und vermeintlich genau wissen, wo die Stärken eines Kindes liegen. Das ist nur kontraproduktiv. Spielen Sie nicht den allwissenden Trainer, der mit erhobenem Zeigefinger darauf hinweist, wo's langgeht beim Üben. Das gefällt keinem. Was tun? Das Besserwissen lassen. Sich auf Augenhöhe mit Kindern auseinandersetzen.
- **Überbehütung.** Da Eltern wissen, dass ihre zärtliche Zuwendung in dieser frühen Entwicklungsphase entscheidend für das spätere Glück ihres Kindes ist, tun sie gerne des Guten zu viel: Sie fördern und spielen, kümmern und sorgen, lassen es nicht aus den Augen und packen ihm hundert gute Ratschläge auf den Buckel, bis es schließlich übersättigt, erschöpft den Rückzug antritt. In solch einem Klima können keine Stärken, keine Talente gedeihen. Neben allen Anregungen und aller Fürsorge braucht jeder die Möglichkeit, sich selbst zu entdecken und sich selbst auszudrücken, ob beim Spielen, beim Malen, beim Basteln. Was tun? Gegensteuern. Dem Kind mehr Freiraum zugestehen, damit es sich auch um sich selbst kümmern kann.

Auch wer wach ist, kann nachts träumen

Kinder gehören nachts ins Bett. Aber nicht immer. In lauen Sommernächten gehören sie, im Fahrwasser Erwachsener, manchmal nach draußen. Hellwach, alle Sinne auf Empfang geschaltet, können sie jetzt eine neue Welt erleben, die sich ganz anders zeigt als die taghelle. Die Farben sind verblasst, die Konturen verschwommen, die Geräusche gedämpft. Und wenn dann noch das Wetter klar ist ... Wie viele Sterne stehen am Himmel? Und wie ist das mit dem Mond, wann sieht er aus wie eine Apfelspalte, wann wie ein riesiger leuchtender Ballon? In der Nacht verwandeln sich Bäume in Riesenkraken mit hundert Greifarmen, Büsche in verschleierte Gespenster. Und wenn man Glück hat, sieht man eine flatternde Fledermaus, ein schwebendes Glühwürmchen oder blitzende Katzenaugen. In der nächtlichen Ruhe nehmen unsere Ohren draußen jedes Geräusch empfindsam wahr, jedes Knistern im Gehölz, jedes Windgesäusel, jedes Rascheln im Gras. Für Kinder eine Extraaufgabe: mucksmäuschenstill bleiben, auf leisen Sohlen durch die Dunkelheit schleichen, in der Hand eine Taschenlampe zur Sicherheit – ein echter Aufreger für alle, die auf Überraschung und Erregung aus sind. Jedes Knacken und Knistern im Gebüsch, jeder Windhauch wird zum Abenteuer.

Es kostet Mut, sich in der Dunkelheit zu bewegen. Wer sich überwindet und den Mut aufbringt, tut etwas für sein Selbstvertrauen: Er wagt sich vor, traut sich etwas zu, schreckt nicht gleich zurück.

4 Mit viel Gefühl das Leben ausloten

Wer seine eigenen Gefühle und die anderer erkennt, versteht und respektiert, geht achtsam und rücksichtsvoll mit sich und den anderen um. Er ist sich seiner selbst bewusst, kann sein Leben gut organisieren, zeigt Einfühlungsvermögen. Kann man diese Lebenseinstellung üben? Kann man in diesem Bereich besondere Begabungen zeigen?

Als Fünfjährige hat sie zum ersten Mal Schneewittchen auf der Bühne gespielt und wusste gleich: Hier bin ich richtig. Später steht sie stundenlang vor dem Spiegel und lernt sich selbst beim Grimassenschneiden kennen. Vor dem Einschlafen träumt sie hellwach Phantasiegeschichten. Sie liest viel und gerne.

Viele Kinder kommen mit sich selbst gut klar, stehen mit beiden Beinen im Leben, können sich freuen, fühlen sich körperlich wie seelisch wohl, reflektieren über sich und das Leben und nehmen anstehende Aufgaben in Angriff. Weil sie nicht nur an sich selbst denken, sondern auch Interesse an ihren Mitmenschen zeigen und Verständnis für sie aufbringen, kommen sie meistens gut durchs Leben – erst recht, wenn sie über das Talent verfügen, die Balance zu wahren zwischen Selbst- und Nächstenliebe. Diese mentale Stärke wird auch als besondere Begabung betrachtet. Das nötige Know-how wird vor allem in der Familie vermittelt. An diesem Punkt sind Eltern als Motivationstrainer gefragt. Wenn Sie Ihr Kind an Ihren Erlebnissen teilnehmen lassen, Ihre Gefühle zeigen und ausdrücken, wenn Sie es immer wieder auf das Verhalten, die Einstellungen und Haltungen seiner Mitmenschen aufmerksam machen, dann lernt es, darauf einzugehen. (Manchmal übertreiben Erwachsene diesen engen Kontakt allerdings: Sie vertrauen Kindern ihre eigenen Probleme an, machen sie zu ihren Komplizen, etwa in Beziehungskrisen, und überfordern sie damit deutlich.)

Einfühlungsvermögen lernen

Einfühlsame Eltern geben ihr Einfühlungsvermögen meist unbewusst und nachhaltig weiter, wenn sie ihr Kind an ihren Wahrnehmungen, ihren Empfindungen und Gedanken teilnehmen lassen. Das geschieht im Alltag ganz automatisch. Sicherlich lässt sich nicht jedes Kind gleichermaßen sensibilisieren. Wenn es aber frühzeitig Empathie in der Familie erlebt, bleibt es nicht unberührt davon. Wer z. B. differenziert wahrnimmt, wer Veränderungen bei den Großeltern erlebt, wer sich Gedanken um ihr Alter, um ihre Gesundheit macht, wer die Beziehung zu ihnen pflegt, wer seine Gedanken immer wieder in Worte fasst und so die Aufmerksamkeit auf sie richtet, weckt und schult die Empathie seiner Kinder.

Präsent sein und gleichzeitig zurückhaltend

Nicht zu viel, nicht zu wenig Engagement zeigen – keine leichte Übung für Eltern.

★ Einerseits will ein Kind behutsam dazu animiert werden, seinen Radius zu erweitern, die Welt zu erforschen und gemeinsam mit seiner Familie darüber staunen, was das Leben zu bieten hat. Möglichst diskret sollen die Erwachsenen ihm Bedingungen für spannende Experimente, für zufriedenstellende Erfolgserlebnisse verschaffen.

> ★ Andererseits braucht es seinen Spielraum, will sich unbe-
> schwert und frei entfalten und allein seine Abenteuer su-
> chen – bloß nicht immer Erwachsene in der Nähe haben,
> die sich einmischen.
>
> Wer sein Kind kennt, schafft es, die Balance zwischen beiden
> Polen zu bewahren, indem er die Erkundungsgänge, Expeditio-
> nen, Laborversuche fördert und bei aller Zurückhaltung immer
> wieder für gute Forschungsbedingungen sorgt.

Selbsterkenntnis: genau hinschauen

Wer seine Stärken und Schwächen erkundet, sammelt wichtige Selbsterfahrungen, kann Überraschendes aufspüren, wie
etwa besondere Interessen und Talente, und lernt, sie zu vertiefen. Selbsterkenntnis wird zum Beispiel beim Spielen vor
dem Spiegel mit Fragen geübt wie:»Was mag ich an meinem
Gesicht, was nicht so besonders?« Oder:»Wie sehe ich aus,
wenn ich wütend bin? Wie, wenn ich mich freue, müde bin
oder gelangweilt?« Facetten völlig unterschiedlicher Gefühle
lassen sich auf diese Weise durchspielen. Weitere Übungen
zum Thema Selbsterkenntnis:

- **Malen und Zeichnen.** Thema: Selbstbildnis, Lieblingsspiel,
  Lieblingsbeschäftigung (ab Kindergartenalter).
- **Kinderfilme.** Wer sich selbst in einem Film aus längst ver-
  gangener Zeit beobachtet, lernt sich von einer neuen Seite
  kennen: So habe ich mich bewegt, so habe ich gelacht, ge-
  weint … Beim Zuschauen kommt man sich selbst auf die
  Spur (ab Kindergartenalter).
- **Theater.** Wer Theater spielt (oder bei einem Film mitmacht), der schlüpft in andere Rollen, lernt bei dieser Ver-
  wandlung nicht nur viel über andere, sondern auch über

sich selbst. Diese Eigenerfahrungen helfen dabei, ein Selbstbild zu entwickeln (ab Kindergartenalter).

- **Rückschau.** Von früher erzählen, von eigenen Gedanken, Gefühlen, Erlebnisse sprechen – eine wichtige Selbsterfahrung. Während längerer Autofahrten könnte zum Beispiel die dafür nötige Ruhe und Zeit sein. Zusammengepfercht auf engem Raum ist Gelegenheit, um miteinander ins Gespräch zu kommen, nach Antworten zu suchen auf Fragen wie: Woher habe ich meine Interessen? Was war mein größtes Erfolgs-, was mein größtes Misserfolgserlebnis? Woran erinnere ich mich, wenn ich lange zurückdenke? Was mag ich überhaupt nicht? Welche Freunde sind mir lieb und warum (ab Grundschulalter)?

- **Tagträume.** Ich träume mich weg aus der Wirklichkeit. Manchmal müssen kleine Fluchten sein. Ein Nebeneffekt: Dank der inneren Bilder, die dabei lebendig werden, lerne ich mich selbst besser kennen. Was geschieht mit mir in den Tagträumen? Wen treffe ich? Was erlebe ich? Nicht nur Tagträume, sondern auch die »richtigen« nächtlichen können bei der Selbstbetrachtung helfen. Eltern neigen dazu, Tagträume als »Zeit totschlagen« zu bezeichnen oder »unnützes Zeug«. Stimmt nicht. Wenn Kinder mit offenen Augen träumen, sind sie oft hellwach im Kopf: auf Selbsterfahrungstrip. Dabei können die Gedanken Achterbahn und die Gefühle Karussell fahren: eine spannende Sache (ab Kindergartenalter).
- **Phantasiereisen.** Wer seine Gedanken und Gefühle ganz gezielt auf Reisen schickt, im Kopf ein ganz bestimmtes Szenario vorgibt, kann »unterwegs« ebenfalls einiges über seine Sehnsüchte und Wünsche erfahren, etwa wenn sich ein Kind in Gedanken durch dichten Urwald kämpft und dabei Angst vor dem Tiger hat. Wenn es in den Keller muss und es da unten ziemlich kalt ist. Durch die Beschäftigung mit den eigenen Gefühlen und Gedanken wird die emotionale Intelligenz geübt (ab Kindergartenalter).

Perspektivenwechsel ausprobieren

Sich in andere hineinversetzen, nicht jeder kann das. Er kann es jedoch mit einem Spiel üben.

- **Hineinversetzen.** Zwei sitzen einander gegenüber. Der eine zeigt dem anderen eine Postkarte mit Bild. Auf dem Bild ist eine Tasse Schokolade mit Sahnehäubchen. Der andere soll sagen, was ihm zu diesem Bild und zu seinem Gegenüber einfällt – zum Beispiel: »Mir scheint, du machst es dir gerne gemütlich!« Oder: »Hauptsache, es schmeckt!« Sinn dieses

Spiels: Ein Austausch. Ich versetze mich in dich hinein, heißt die Aufgabe des einen. Ich lasse zu, dass ich unter die Lupe genommen werde, die des anderen. Bei dieser Übung geht es um Fragen wie: Was bedeutet es, so gesehen zu werden? Wie sieht der eine den anderen? Eine Übung, bei der ich einiges über mich selbst erfahre, vor allem jedoch lerne, mich in andere einzufühlen (ab Grundschulalter).

- **Kinderfotos.** Wechselseitig werden Fotos vom Gegenüber angeschaut. Jeder sagt dann, was einem dazu einfällt, wie man den anderen jeweils wahrnimmt (ab Grundschulalter).
- **Portraits.** Zwei sitzen sich gegenüber, zeichnen voneinander Portraits und geben dazu im Anschluss Deutungen ab (ab Grundschulalter).
- **Pantomime.** Ein Gruppenspiel: Einer stellt einen anderen aus der Gruppe dar. Die Übrigen versuchen herauszufinden, wer gemeint ist (ab Grundschulalter).
- **Theater.** Wer in die Rolle eines anderen schlüpft, muss sich in dessen Gedanken und Empfindungen einfühlen können – eine gute Übung fürs Leben (ab Kindergartenalter).
- **Rollenspiel.** Zwei treten als Schüler und Lehrer auf. Der eine spielt die Rolle des Lehrers und sagt dem anderen, wie er ihn als Schüler erlebt. Später werden die Rollen getauscht. Ein zweites Rollenspiel: »Wenn ich du wäre!« Einer versetzt sich in die Situation eines anderen und sagt, was er an dessen Stelle tun würde – zum Beispiel: »Mehr für die Schule tun, weil …« Weitere Möglichkeiten für entsprechende Rollenspiele: Mit Puppen, Handpuppen und Stofftieren spielen. Gleichzeitig übernehme ich mehrere Rollen, muss entsprechend schnell den Blickwinkel eines anderen übernehmen. Typische Themen, mit denen sich Kinder gerne beschäftigen: Arzt, Krankenhaus, Operation, Schule, Polizei. Indem sie sich damit auseinandersetzen, bilden sie sich eine Meinung, üben eigene Verhaltensmuster ein, spielen auch Gefühle wie Angst und Schrecken durch (ab Grundschulalter).

Besonders einfühlsame Kinder

* können sich selbst steuern und nehmen Selbsterfahrungen ernst,
* versuchen, das Leben mit ganzer Seele zu begreifen und nicht nur mit ihrem Denkapparat,
* motivieren sich selbst, entfachen ihre eigene Begeisterungsfähigkeit,
* sind oft mit sich selbst im Gespräch, überprüfen ihre Zielsetzungen, trainieren ihre Reflexionsfähigkeit.

Kann man Glücklichsein schulen?

An einer Heidelberger Schule wird seit kurzem das Fach »Glück« unterrichtet. Sinn der Sache: Bildung soll mehr sein als Pauken und die Vorbereitung auf berufliche Qualifikation. Hier soll Lebenskompetenz vermittelt werden. Es geht um die Entwicklung starker, zuversichtlicher Persönlichkeiten, darum, das Bewusstsein der Schüler für sich selbst und für die Gemeinschaft zu schärfen, ihre mentale Stärke, ihre körperliche und seelische Ausgeglichenheit zu festigen. An diesem Punkt können Sie auch zu Hause ansetzen. Hier kann Ihr Kind zum Beispiel erleben, dass Sport, gute Ernährung, seelische Gesundheit nicht von der körperlichen Entwicklung zu trennen sind. Dieses Lernprogramm wird immer wichtiger. Die seelische und körperliche Gesundheit pflegen, die Voraussetzungen schaffen für ein gutes Leben. Körpersprache, Leistungsfähigkeit, Ausgeglichenheit – lauter erlernbare Inhalte einer Schulung in Glücklichsein. Und so kann ihr Kind entsprechende Erfahrungen sammeln:

* **Körpersprache.** Die Körpersprache spiegelt unsere Lebenserfahrungen wider – vor allem Erfahrungen aus unserer Frühzeit. Die ersten Lebenserfahrungen eines Kindes wer-

den in den für die Regulation körperlicher und emotionaler Prozesse zuständigen Bereichen seines Gehirns gespeichert, und zwar so tief und fest, dass sie sich oft lebenslang zeigen als angespannte oder entspannte Körperhaltung, als enge oder weite Bewegungen, diffuse, unser Empfinden bestimmende negative oder positive Haltungen und Einstellungen. Es lohnt sich, diese Muster näher anzuschauen, sie eventuell mit Hilfe von Yoga, Pantomime oder anderen Techniken zu verändern: Es kommt auf einen Versuch an. Das Spektrum in Frage kommender Möglichkeiten ist breit. Mit der Methode Versuch und Irrtum findet jeder die Bewegungsübungen, die ihm liegen (ab Grundschulalter).

- **Ernährung.** In Fastfood-Zeiten ist eine gesunde Mischkost keine Selbstverständlichkeit mehr. Deshalb müssen Kinder heute Grundlektionen in gesunder Ernährung lernen, beim Einkaufen, beim Kochen – mit Ihnen als Lehrmeister. Lassen Sie Ihr Kind z. B. beim Einkaufen im Supermarkt bestimmen, was in den Einkaufswagen kommt. Nach einer Weile machen Sie einen Zwischenstopp, begutachten die Sammlung und überlegen gemeinsam: Was ist im Wagen, Gesundes oder Ungesundes? Stimmt das Preis-Leistungs-Verhältnis in etwa? Das Wissen um gute Ernährung wird später beim (gesunden) Kochen vertieft (ab Grundschulalter).
- **Ausruhen.** Wenn man sie lässt und nicht gleich Dampf macht, dann wollen Kinder auch trödeln, dösen, den Hund streicheln, aus dem Fenster träumen und Kräfte sammeln, um ihre Stärken zu entdecken (ab Kindergartenalter).

Eigenen Empfindungen auf die Spur kommen

Ihr Kind lernt, seine emotionalen Fähigkeiten zu nutzen, wenn Sie entsprechende Anregungen bieten. Es sollte nicht an seinen Möglichkeiten vorbei leben, sondern dank seiner

Talente immer neue Türen aufstoßen, sich selbst und seine Empfindungswelt wahrnehmen, seine emotionalen Stärken erkennen. Einige Förderideen dazu:

- **Rollenspiele.** Spielt Ihr Kind mit kleinen Figuren, Puppen oder Stofftieren, dann spiegeln sich in seinem Spiel die Gefühle wider, die es umtreiben. Hier werden sie verarbeitet. Wenn Sie zuhören, erfahren Sie nicht nur einiges über sein Innenleben, sondern meistens auch viel über sich selbst (ab Kindergartenalter).

- **Gesang.** Erweitert den Gefühlshorizont. Ihr Kind erlebt sich von einer ganz neuen Seite. Die vertraute eigene Stimme klingt plötzlich ganz anders – eine faszinierende Erfahrung. Wer aus vollem Herzen singt, kann bei den richtigen Liedern emotional abheben, spürt sich selbst als Resonanzboden für die Musik, auch für den Rhythmus: Das ist Balsam für die Seele. Besonders viel Freude und Streicheleinheiten bekommen Kinder, wenn sie zusammen mit anderen singen, etwa in einem Chor, und dabei Gemeinschaftsgefühle erleben.

- **Tanz.** Musik aus dem Radio: Auf einmal legt Ihr Kind los: Dreht sich, tanzt, schwebt oder hopst selbstvergessen durch das Zimmer. Spürt den Rhythmus, spürt die Musik, spürt sich selbst und erlebt den »Flow«, der verborgene Begabungen in Schwung versetzt. Eine andere Art von Tanz: Ihr Kind malt nach Musik mit Pinsel und Farbe. Lässt Striche und Formen über das Papier tanzen, sich im Rhythmus wiegen. Jede musische Förderung – Musik, Malerei – trägt dazu bei, eigene Gefühle aufzuspüren und auszudrücken. Deshalb sollten diese Bereiche bei der Begabungsförderung im Kindergarten- und Grundschulalter einen zentralen Raum einnehmen. Sie sind einfach unentbehrlich (ab Kindergartenalter).

- **Geschichten.** Erzählt oder vorgelesen, mit Bildern oder ohne, wahr und aus der Zeitung oder zusammengesponnen – Geschichten spiegeln Kindern ihre eigenen Gedanken und Gefühle wider: ihre Lebensfreude, ihre Lebensangst. Geschichten können trösten, Mut machen, eigene Aktivitäten anstoßen. Viele Kinder greifen auf, was ihnen erzählt wird, und machen aus dem, was sie zu hören bekommen haben, ihre eigenen Geschichten, erzählen weiter, bauen ihre Lebenserfahrungen ein, drücken angeregt durch das Gehörte ihre eigenen Nöte und Freuden aus und sind glücklich, wenn sie interessierte Zuhörer finden. Ähnliche Funktionen können Gedichte, Lieder, Märchen und auch kindgerechte Filme übernehmen.

Bleibt alles so wie am Anfang?

Einmal Draufgänger, immer Draufgänger? Entscheidet sich bereits im Kindergarten, was wir mit unserem Dasein anfangen? Wer im Sandkasten schon ungewöhnlich aufmüpfig ist, fällt auch später gerne durch aggressives Verhalten auf und erreicht nicht das im Leben, was er hätte erreichen können. Manche Eigenschaften seien schon frühzeitig festgelegt, sagt eine aktuelle Studie. Und wer schon als Kind gut in Lesen, Rechtschreibung oder Mathe war, habe auch später noch hier seine Stärken. Die Studie zeigt auch, dass man mit viel Training, Motivation, Durchhaltevermögen in manchen Bereichen aufholen kann – zum Beispiel im Sport. Oder bei der Moral. So wächst die Bereitschaft, sich »richtig« zu verhalten, mit den Jahren stetig an. Übrigens geben sich die Mädchen umso moralischer, je mehr sie traditionelle weibliche Rollenvorstellungen verinnerlicht haben. Und umgekehrt gilt: Jungen, die »richtige Männer« sein wollen, haben es nicht so mit der Moral.

5 Richtig gut im Umgang mit anderen

Zusammenleben ist nur dann bereichernd und angenehm, wenn man sich gegenseitig wertschätzt und respektiert. Wer die Spielregeln erkennt und beherrscht, die unser Zusammenleben bestimmen, wer wichtige von unwichtigen unterscheiden kann, besitzt soziale Kompetenz. Auch auf diesem Gebiet gibt es besonders Begabte und nicht ganz so Talentierte. Kann man ein soziales Talent fördern?

Sie erledigt für die Nachbarin, die schlecht zu Fuß ist, viele Einkäufe. Sie hat mit dem Reiten aufgehört und sucht jetzt nach einem Mannschaftssport, der ihr liegt, denn sie will im Team für ihre Sache kämpfen und nicht allein. Sie regt sich ohne Ende darüber auf, dass die Jungs in der Klasse so ruppig mit den Mädchen umspringen: von Respekt keine Spur.

Im Kindergartenalter erweitert sich der soziale Horizont. Jetzt kommt Ihr Kind unter die Leute. Erste Freundschaften ergeben sich, die zu Beginn mehr Zweckgemeinschaften sind (»Wir spielen zusammen!«) als Seelenverwandtschaften. Gemeinschaften entstehen auf dem Spielplatz, im Kindergarten, in der Nachbarschaft. Mit zunehmender Selbständigkeit erweitert sich das Umfeld, neue Kontakte kommen dazu.

Unmerklich, fast nebenbei bewältigt jedes Kind ein umfangreiches Lernprogramm und entdeckt sein soziales Umfeld. Es nimmt die Strukturen wahr, die Gemeinschaften bestimmen, und erkennt die Unterschiedlichkeit von Menschen. Wer hat die Nase vorn? Wer setzt sich mit welchen Mitteln durch? Sind die Klügsten am besten in sozialem Verhalten?

Ein Kind erlebt zudem Verhaltensmuster und entdeckt, dass manche Menschen in sozialem Verhalten wesentlich begabter sind als andere. Wer gut in sozialem Verhalten ist, frühzeitig den Durchblick hat, kapiert zum Beispiel bald, dass Machtkämpfe vor allem das zwischenmenschliche Klima vergiften und sicher keine gute Basis für das Zusammenleben sind. Dass Kompromisse mehr bringen. Dass Diskussionen die Voraussetzung für funktionierende Partnerschaften sind.

Nach Antworten auf soziale Fragen suchen

Mit der Erweiterung seines Horizonts erlebt Ihr Kind neue Freuden, aber auch Schwierigkeiten im mitmenschlichen Bereich. Es tauchen neue Fragen auf: »Warum findet der mich gut? Warum will sie nicht mit mir spielen? Warum ist der so

gemein? Warum sollen wir uns zusammen um den Tisch setzen und miteinander reden? Warum wird mit mir geschimpft?« Die Antworten auf seine Fragen findet es vor allem in der Familie, mit seinen Eltern als Ansprechpartner. Im Idealfall bereden sie mit ihm die Themen, die es aus seiner Kindergartengruppe, aus seinem Nachmittagskurs, später aus seiner Schule, aus seinem Freundeskreis mit nach Hause bringt. Bekommt es Antworten, differenzieren sich mit jedem neuen Gespräch die Bilder, die es sich von seinem sozialen Umfeld macht, und seine Fragen nach Sinn und Zweck sozialer »Spielregeln« werden komplexer. Manche Regeln leuchten auf Anhieb ein und werden übernommen, andere in Frage gestellt.

Werden ihm dagegen die Antworten vorenthalten oder verweigert, dann versiegt seine Neu- und Wissbegierde auf die Dauer, nach der Devise: Lohnt ja doch nicht, weiter zu fragen. Bringt ja nichts, ich werde alleingelassen mit meinen Gedanken. Auf dieser schlechten Basis kann sich keine soziale Begabung entwickeln.

Von Eltern wird erwartet, dass sie sich den Fragen ihres Kindes stellen, zuhören, einlassen, Wissen vermitteln, eigene Lebenserfahrungen an die folgende Generation weitergeben. Wenn nicht sie, wer soll sich dann zuständig fühlen in Fragen des sozialen Verhaltens und der Vermittlung von Werten?

Eltern beeinflussen die Wahrnehmung eines Kindes, seinen Blick auf sich selbst und alle anderen ganz wesentlich. Nur engagierte Bezugspersonen geben einem Kind ein Wertesystem als Richtschnur, das sein soziales Verhalten positiv beeinflussen kann. Sie erkennen, ob es ein Händchen für die Feinheiten sozialen Verhaltens hat oder eher unsensibel mit seinen Mitmenschen umspringt. Ob es mehr oder weniger soziale Begabung besitzt.

Soziale Erziehung stößt dabei an Grenzen, denn Eltern müssen einsehen, dass sich ihr Kind bei allem erzieherischen Engagement nicht völlig verändern lässt. Gerade auf dem Gebiet sozialen Verhaltens werden diese Grenzen deutlich: So wird aus einem schüchternen, in sich gekehrten Kind wohl nie ein temperamentvoller Aufreißer, auch wenn sich das seine kontaktfreudige Mutter wünscht. Jedes Kind ist ein Individualist, hat seine eigenen Ideen. Das zeigt sich besonders im Umgang mit seinen Mitmenschen.

Wie Eltern soziales Verhalten fördern können

Feinfühlig auf andere Menschen eingehen, andere respektieren, dabei die eigenen Ziele nicht aus den Augen verlieren. Verhaltensregeln anschauen, durchleuchten, übernehmen oder auch nicht – soziale Lernprozesse sind komplex. Deshalb ist es für manche Eltern schwierig, eindeutig Position zu beziehen. Was hilft?

- **Vorbildfunktion.** Soziales Verhalten lässt sich nicht pauken wie mathematische Formeln. Kinder übernehmen die Verhaltensregeln, die sie in ihrem Umfeld erleben. Auch hier ist das Vorbild entscheidend. Machen sich die Eltern Gedanken über Sinn und Zweck sozialer Systeme, hinterfragen sie kritisch, verhalten sie sich eindeutig und dabei sozial, kann sich ihr Kind an ihnen orientieren.
- **Anpassung.** Die meisten von uns halten sich gerne an die Normen, die unsere Gesellschaft vorgibt, sind es doch Verhaltensmuster, an denen wir uns orientieren können. Und auch unsere Kinder sollen sich in diesem Raster bewegen. Diese Haltung entspricht aber nicht unbedingt dem Freiheitsdrang eines Kindes. Gerade die besonders schlauen Kinder stellen die Systeme, die unser gesellschaftliches Leben bestimmen, gerne in Frage (auch schon vor der Pubertät). Deshalb gibt es an der Schnittstelle zwischen Anpassung und Freiheit oft Ärger. Dringen Erwachsene zu vehement auf Anpassung, setzen sie mit Druck und Zwang

Grenzen, zieht sich ein Kind leicht in sich selbst und seine eigenen Vorstellungen zurück, mit der Folge, dass seine Eigenständigkeit, Phantasie, überbordende Lebensfreude, Wissbegierde und Impulsivität einen empfindlichen Dämpfer erleiden. Deshalb sollten Eltern an diesem Punkt zwar eindeutig, aber auch einfühlsam und behutsam sein.

- **Verantwortung.** Ihr Kind kann nur dann soziales Feingefühl entwickeln, wenn es sich frühzeitig sozial engagiert, Verantwortung für sich und andere übernimmt und entsprechende Erfahrungen sammeln kann. Hier sind Ihre Ideen gefragt. Ihre Erfahrung kann Ihrem Kind weiterhelfen, einen Platz zu finden, wo es soziale Ideen verwirklichen und Engagement zeigen kann.

In der Gruppe mehr Spaß als allein

Es macht den meisten Kindern mehr Spaß, etwas im Team zu unternehmen, Teil einer Mannschaft zu sein. Mit allen Freuden und auch mit allem Ärger. Man kann bei Diskussionen dazulernen, sich weiterentwickeln – zum Beispiel auch die Einsicht: Ich muss nicht jedes Problem allein aus der Welt schaffen, um mich groß und stark fühlen zu können. Kluge Mütter und Väter sorgen diskret dafür, dass ihr Kind Teamerfahrungen sammeln kann, indem sie gemeinsam mit ihm nach passenden Gruppen suchen, ob im Sportverein, bei den Pfadfindern oder in der Kirche.

Mitten im sozialen Leben stehen

Soziales Verhalten hat mit Lebenserfahrung zu tun. Diese Lebenserfahrung lässt sich nicht im stillen Kämmerlein, sondern nur draußen sammeln. Am besten unter anderen Kindern. Verschaffen Sie Ihrem Kind Möglichkeiten dazu.

- **Freundeskreis.** Kinder lernen von anderen Kindern. Laden Sie Freunde Ihres Kindes nach Hause ein. Oder gehen Sie mit einem Trupp Kinder in einen Park, auf eine Wiese. Regen Sie Spiele an, die soziale Erfahrungen vermitteln, bei denen es um Gewinnen und Verlieren geht. In seinem Freundeskreis lernt Ihr Kind, sich zu behaupten, seine Meinung kundzutun und darum zu kämpfen, dass diese Meinung Gewicht hat. Bei gemeinsamen Spielen kann es solche Erfahrungen sammeln: Zu Hause bieten sich Gesellschaftsspiele an, die neben dem Spaß auch Lerneffekte fördern (Mensch ärgere dich nicht, Memory …). Und für draußen: Sport- und Geländespiele (Räuber und Gendarm, Verstecken, Fangen …).

- **Mannschaftsspiele.** Im Schulalter trägt Sport viel zum sozialen Lernen bei. Beim Mannschaftsspiel lernt ein Kind unter anderem Rücksichtnahme, Durchsetzungsvermögen, es muss Spielregeln akzeptieren, die es nicht selbst, sondern die andere gesetzt haben.

- **Gruppenerlebnisse.** Klassenfahrten sind mehr als nur Vergnügen. Sie sind ein Intensivprogramm in sozialem Lernen. Wer gut durchkommt, weiß auch ohne Zensur, dass er Spitze in sozialem Lernen ist: einfach richtig gut. Ähnliche Intensivkurse in Gruppenerfahrung bieten zum Beispiel die Pfadfinder, der Naturschutzverein, die Brauchtumsvereine, die Jugendgruppen der Kirche, die Sportvereine. Deutschland ist ein Land der Vereine. Jeder Topf hat die Chance, sein Deckelchen zu finden.

Soziale Lernprozesse brauchen Zeit. Deshalb brauchen Erwachsene, die ihr Kind unterstützen und begleiten, vor allem einen langen Atem, Nachsicht und Ausdauer. Es kann eine Weile dauern, bis der soziale Durchblick da ist. Auch bei Kindern, die an anderen Menschen sehr interessiert sind, die mitten im sozialen Leben stehen und gut mit Menschen umgehen können, braucht dieser Lernprozess seine Zeit.

6 Im Denken bald ein Profi

Wie entwickeln sich grundlegende Denkoperationen?
Verfügen Kinder über genug Antrieb, genug Spaß am
Denken, um für spezielle Fördermaßnahmen offen zu
sein? Und wie zeigt sich, dass sie nicht nur denken,
sondern besonders gut denken können?

Im Supermarkt wandert sie auf der Suche nach ihrer Lieblingszahl Acht an den Regalen entlang. Und auf einem gepflasterten Weg hüpft sie auf einem Bein zwei Kästen vor, drei zurück, acht vor und hält das eine Weile durch. Wo immer auch Zahlen auftauchen, sie macht ihre Spielchen damit. Ein anderes Kind ist frühzeitig an Rätseln, an Knobelaufgaben interessiert, bei denen es sein Köpfchen anstrengen muss, es hat gute Ideen. Oder es interessiert sich schon früh fürs Schachspielen. Viele Menschen machen sich über das Denken nicht mehr Gedanken als über das Luftholen. Es wird als Selbstverständlichkeit angesehen. So unterschiedlich Menschen sind, so unterschiedlich denken sie auch. Gymnastik für den Kopf macht Sinn, denn die Denkfähigkeit jedes Einzelnen lässt sich verbessern. Allerdings fällt es oft schwer, ein Kind mit dem richtigen »Futter« für seine Wissbegierde zu versorgen. Selbst unter Fachleuten ist nicht endgültig geklärt, wie eine erfolgversprechende Förderung in der Praxis eigentlich aussehen könnte.

Mütter und Väter, die mitspielen, können sich dabei ein erstes Bild machen: Wer viel Köpfchen zeigt und gut zurechtkommt mit Denkaufgaben, Zählspielen und Rätseln, hat einiges drauf: Er ist vielleicht ein ganz guter Stratege und Problemlöser. Wenn ein Kind nicht nur ehrgeizig und verbissen bei der Sache ist, sondern mit Spaß, Feuereifer, Geschick, Interesse und echtem Können, ist da vielleicht mehr als ein Faible.

Der Einstieg: auf Fragen eingehen

Im Kindergarten- und Grundschulalter stehen Spiele und Beschäftigungen hoch im Kurs, die Köpfchen und Geschick verlangen und dem Selbstwertgefühl guttun. Wenn Ihr Kind viel in Eigenregie forschen und spielen darf, dann lässt es seiner Experimentierfreude freien Lauf und wächst mit seinen Aufgaben. Jedes Erfolgserlebnis ist ein Fest. Sind Sie da als Mutter oder Vater als Mitspieler nicht überflüssig? Nein, denn Ihr Kind lernt besser, leichter und fröhlicher, wenn Sie oft dabei sind, unaufdringlich neue Impulse geben, für interessante Anreize sorgen, bisweilen auch mitmachen, aber ebenso häufig im Hintergrund bleiben, manchmal Mut machen, manchmal anfeuern. Aber machen Sie bitte nicht den »Vorturner«, denn auch kleine Kinder haben es schon gerne partnerschaftlich.

Wie in anderen Förderbereichen, so gilt auch auf diesem Gebiet: Gehen Sie geduldig, interessiert, verständnisvoll auf die Fragen Ihres Kindes ein. Das ist die beste Fördermaßnahme. Überlassen Sie es weitgehend ihm, womit es sich beschäftigen will. Denken Sie daran: Ein Kind, das viel und gezielt fragt, gibt damit einen deutlichen Hinweis auf Ressourcen, die in ihm schlummern und die es erschließen möchte. Sein Gehirn scheint zu wissen, wo diese Potenziale stecken, und versucht, die entsprechenden Strukturen zu bedienen. Machen Sie deshalb nur Angebote, verordnen Sie keine Pflichtübungen, denn Zwang und Druck wirken meist kontraproduktiv.

Zählen, wiegen, messen

Völlig selbstverständlich werden wir im Alltag laufend mit Zahlen konfrontiert. Machen Sie Ihr Kind auf diese Zahlenwelt um uns herum aufmerksam. Zahlen sind spannend, finden die meisten Kinder. Manche springen besonders begeistert darauf an, wenn sie mit Zahlen in Berührung kommen. Großes Interesse kann ein erster Hinweis auf Begabung sein.

- **Viele Bälle.** Schon kleine Kinder haben Vorstellungen von Mengen. Liegen erst viele Bälle auf dem Teppich, später nur noch wenige, wird ordentlich gestaunt. Erst recht, wenn zu den Bällen Äpfel kommen: auch rund und doch ganz anders. Und was ist, wenn Sie kleine und große Bälle mischen? Blaue und rote? Immer neue, immer andere Variationen halten das Interesse wach. Später schauen Sie zu, Ihr Kind spielt mit Bällen und Äpfeln, und Sie dürfen staunen (ab Kindergartenalter).

- **Geld zählen.** Ein Portemonnaie voller Münzen – ein Anreiz, die Münzen zu zählen: Wie viele Münzen sind in der Börse? Welchen Wert haben die einzelnen Münzen? Wie viel Geld kommt zusammen? Auch mit Spielgeld lässt sich Zahlenverständnis üben – und beim Einkaufen mit echtem Geld: Überlassen Sie das Bezahlen Ihrem Kind (ab Grundschulalter).

- **Sachen zählen.** Für Zählanfänger: Wie viele Stufen hat die Treppe im Haus? Hat die Treppe im Haus mehr oder weniger Stufen als die der Nachbarn? Wie viele Fenster hat die Wohnung? Wie viele große und wie viele kleine? Wie viele Töpfe, wie viele Pfannen, wie viele Tassen? In jedem Haushalt kann man eine Menge zählen und auf diese Weise erste Vorübungen zum Rechnen betreiben. Wer sich für Zahlen interessiert, hat in der Regel nichts gegen Matheunterricht (ab Kindergartenalter).

- **Uhrzeiten.** Die beste Methode, eine Vorstellung davon zu entwickeln, warum Stunden vergehen: eine Sonnenuhr bauen. Dazu einen Stock in die Erde stecken. Mit Steinen und mit Hilfe einer Armbanduhr wird stündlich der Schatten des Stocks markiert, der im Laufe des Tages rund um den Stock wandert. Später wird das Wissen mit Hilfe einer »richtigen« Uhr vertieft (ab Kindergartenalter).

- **Steine schätzen.** Sie legen große und kleine Kieselsteine (oder Knöpfe, Bauklötze, Kirschen …) auf den Tisch. Jeder Mitspieler schätzt, wie viele Dinge auf dem Tisch liegen. Wer schätzt am besten (ab Kindergartenalter)?
- **Messlatte.** Wie groß bin ich? Wie viele Zentimeter bin ich gewachsen? Fragen, die jedes Kind interessieren. Umso wichtiger, mit Zollstock nachzumessen und das jeweilige Ergebnis einer Messaktion im Türrahmen zu markieren (ab Kindergartenalter).
- **Halbe Birnen und ganze.** Manche Dinge kann man teilen, andere nicht. Überlegen Sie gemeinsam, was sich teilen lässt. Zeigen Sie Ihrem Kind, wie Sie Birnen in zwei gleich große Hälften teilen, dann vierteln. Oder Sie teilen eine Scheibe

Brot erst in zwei Hälften, später in Viertel. Danach übernimmt Ihr Kind das Teilen, zeigt Ihnen, wie man das bei Bananen und Schokolade macht (ab Kindergartenalter).

- **Kuchen backen.** Genau nach Rezept, und das heißt wiegen und messen. Erst ist Ihr Kind Zuschauer, später tauschen Sie die Rollen: Dann übernimmt es den aktiven Part, und Sie schauen zu. Wo und was wird noch gemessen, gewogen (ab Kindergartenalter)?
- **Würfelspiele.** Wer gerne zählt, hat auch Spaß an Würfelspielen: Abwechselnd werden drei Würfel geworfen. Wer die höchste Zahl hat, gewinnt die Runde. Jeder Sieg bringt einen Punkt. Wer nach zehn Runden die meisten Punkte hat, gewinnt das Spiel (ab Grundschulalter).

Sortieren und zuordnen: Ordnung im Kopf schaffen

Genau hinschauen, Größen, Formen und weitere Merkmale wahrnehmen, Unterschiede und Gemeinsamkeiten erkennen, die Dinge des Lebens bestimmten Kategorien zuordnen – wenn Ihr Kind »mitspielt«, können Sie entsprechende Aufgaben in den Alltag einbauen und damit wichtige Grundlagen schaffen.

- **Im Haushalt.** Wenn Kinder im Haushalt helfen, lernen sie Ordnung halten – auch im Kopf, denn Haushaltsdinge werden dauernd geordnet. Wäsche wird vor dem Waschen nach Merkmalen wie bunt, weiß, Wolle … und nach dem Waschen nach Kriterien wie Bettwäsche, Tischwäsche … sortiert. Besteck, Geschirr, Küchengerät, Kleidung – viele alltägliche Dinge werden im Haushalt geordnet. Wer mitmacht, hat die Ordnungskriterien bald intus. Auch beim Tischdecken wird Ordnung gemacht: Messer nach rechts, Gabeln nach links, Teller in die Mitte. Wer denkt sich seine eigene Ordnung aus (ab Kindergartenalter)?

- **Im Kinderzimmer.** Wenn Ihr Kind spielt, sortiert es seine Siebensachen nach unterschiedlichen Kriterien: nach viel und wenig, groß und klein, mit und ohne Räder, nach Kategorien wie Stofftiere, Bauklötze, Kartenspiele. Nicht nur beim Spielen, sondern auch beim Aufräumen werden diese Ordnungsprinzipien geübt (ab Kindergartenalter).
- **Im Wald.** Kinder sind Sammler. Im Wald sammeln sie Fichtenzapfen, Tannenzapfen, Kiefernzapfen, Buchenblätter, Ahornblätter, Eichenblätter. Breiten sie ihre Schätze aus, kommen sie bald auf die Idee, sie nach Größen, Farben, Formen zu sortieren. Schwieriger wird das Spiel, wenn sie mit komplizierteren Fragen kommen wie: Welcher Zapfen ist der zweitkleinste in der Reihe? Welches Blatt ist heller als die übrigen (ab Kindergartenalter)?
- **Unterwegs.** Unterwegs ist oft Zeit für Fragespiele: Erst stelle ich dir eine Frage, die du zu beantworten versuchst. Findest du eine Antwort, dann darfst du mir eine Frage stellen. Findest du keine Antwort, darf ich weiterfragen. Fragenbeispiele: Was ist größer – ein Waschlappen oder eine Herrensocke? Was ist dicker – die Blüte einer Gänseblume oder eines Löwenzahns? Bei diesem Spiel wird klar, dass es nur wenige feststehende Größen gibt (ab Grundschulalter).
- **Im Puppenhaus.** Sie verändern unbemerkt von Ihrem Mitspieler die Ordnung im Puppenhaus (oder in der Ritterburg), stellen z. B. nach vorne, was vorher hinten stand, beim nächsten Mal nach rechts, was vorher links stand. Erkennt Ihr Mitspieler, nach welcher »Regel« Sie die Dinge vertauscht haben (ab Grundschulalter)?
- **In der Verwandtschaft.** Zusammen mit Ihrem Kind gehen Sie in Gedanken die gesamte Verwandtschaft durch und überlegen: Wer ist der Größe von uns? Wer der Kleinste? Wer ist genau in der Mitte? Wer ist der Dickste, wer der Dünnste? Wie viele haben blonde, wie viele braune Haare?

Wonach können wir noch sortieren? Nach Verwandt-schaftsgrad? Wer zeichnet einen Stammbaum auf, um die Zusammenhänge der Familie besser zu verstehen (ab Grundschulalter)? Auch Puzzles, Karten und viele Gesellschaftsspiele schärfen den Blick für Strukturen.

Im Raum orientieren

Viele Kinder haben Probleme damit, sich im Raum zu orientieren. Was ist vorne, was hinten? Was ist rechts, was links? Und wie finde ich mich zurecht? Was tue ich, wenn die Lichtquellen eingeschränkt sind? Die Orientierung im Raum lässt sich üben. Dabei merken Sie bald, ob Ihr Kind über einen guten oder weniger guten Orientierungssinn verfügt.

• **Topfschlagen.** Die erste Spielrunde: Mit verbundenen Augen und auf allen Vieren krabbelt Ihr Kind durchs Zimmer – krabbelt vorwärts und rückwärts, so wie Sie es vorgeben. Die zweite: Jetzt bewegt sich Ihr Kind frei im Raum. Sie geben nur Hinweise, wenn es sich einem Versteck nähert, in dem ein Gewinn wartet. Dann sagen Sie »warm«. Entfernt es sich dagegen, rufen Sie »kalt«. Bringt es Sprache und Bewegung zusammen (ab Kindergartenalter)?

• **Schatz suchen.** Orientierungsübungen mit Rechts-Links-Training, kombiniert mit einer besonderen Schatzsuche. Sie dirigieren Ihren Mitspieler kreuz und quer durch den Raum mit Anweisungen wie: drei Schritte vorwärts, zwei zurück, vier Schritte links zur Seite, einen Schritt vorwärts … Das Spiel endet da, wo der Schatz versteckt ist. Für Anfänger nicht einfach, vor allem, wenn es in flottem Tempo gespielt wird (ab Grundschulalter).

• **Wege weisen.** Nehmen Sie einen Stadtplan und schicken Sie Ihren Mitspieler von A nach B. Findet er den Weg durch das Gassengewirr. Eine andere Möglichkeit: Sie schicken ihn auf einer Deutschlandkarte von Norden nach Süden, von Osten nach Westen. Kann er sich auf der Karte orientieren (ab Grundschulalter)?

- **Um die Wette schätzen.** Ein Spiel für draußen: Was ist größer, was ist kleiner – das Haus da hinten oder das hier vorne? Was ist heller, dunkler, flacher, gewölbter, schmaler, breiter, spitzer, runder, länger, kürzer?
- **Verstecken.** Regen Sie Versteckspiele im Dunkeln an. Im Dunkeln zurechtkommen ist: eine schwierige Aufgabe – aber mit hohem Spaßpotenzial.

Irgendwann kommt zum reinen Zählen mit den Fingern: ein Apfel, noch ein Apfel, noch ein Apfel gleich drei Äpfel, der nächste Schritt: die Abstraktion von drei Äpfeln zur Zahl Drei und zu der Erkenntnis, dass drei Äpfel, drei Kekse und drei Bonbons ein wesentliches Merkmal gemeinsam haben, nämlich die Anzahl der Einzelteile. Damit ist ein wesentlicher weiterer Lernschritt erreicht.

Den Spaß an der Sache nicht vergessen

Wie in jedem Förderbereich müssen Eltern auch hier wieder Fingerspitzengefühl beweisen. Wenn Sie Rätsel, Rituale, Spiele anbieten, müssen Sie das individuelle Lerntempo Ihres Kindes, seine speziellen Interessen im Blick haben. Sie sollten keine zu festen Erwartungen, Vorstellungen und Bilder im Kopf haben, vor allem nicht drängen und keine zu hohen Ansprüche stellen, sondern Ihr Kind selbst bestimmen lassen, wie und ob es gefördert werden will.

Jedes setzt ganz deutliche Zeichen, die zu Hause respektiert werden sollten. In der Familie ist Freiwilligkeit angesagt: Denkaufgaben, Rechenspielereien, Scherzfragen, Rätsel sollten hier als Spaß gemeint sein und nicht als zusätzliches Pflichtprogramm.

Strukturen erkennen

Wo auch immer Sie sich mit Ihrem Kind bewegen, schauen Sie sich die Systeme gemeinsam an, klopfen Sie die Systeme auf Stärken und Schwächen ab. Das schult den Blick und fördert das Denken. Später fällt es aufgrund solcher Vorübungen weniger schwer, die Struktur von Differenzialgleichungen und anderen Matheaufgaben zu begreifen. Auf dieser Grundlage lernt man neue Techniken automatisch, wie Vokabeln.

- **Einkaufen.** Wer kann sich im Supermarkt schnell orientieren, erkennt auf den ersten Blick, nach welchen Kriterien er organisiert ist? Wer findet sich im Drogeriemarkt rasch zurecht, weil er das Ordnungsprinzip schnell durchschaut? Wer nimmt die Ordnungskriterien kritisch unter die Lupe? Sind die Läden übersichtlich, die Waren so sortiert und eingeordnet, dass man sie auf Anhieb findet? Oder was könnte man besser machen (ab Schulalter)?

- **Beim Autofahren** kann man die Verkehrsführung analysieren: Wie ist die Straßenführung – klar und deutlich, oder hat das System Tücken? Machen die Verkehrsschilder Sinn, und warum müssen sie überhaupt sein (ab Grundschulalter)?

- **In der Stadt.** Eine gute Übung für Anfänger im Kartenlesen: Lassen Sie Ihr Kind mit Stadtplan in der Hand seinen Heimatort erkunden. Wie findet man markante Fixpunkte, die bei der Orientierung helfen? Wer hat das Bild später im Kopf, kann sich den Ort von oben gesehen ziemlich gut vorstellen? Wie sind Dörfer und Städte eigentlich strukturiert? Schauen Sie sich diese Strukturen zusammen mit Ihrem Kind an. Zu Hause können Sie diese »Spiele« erweitern: Wer kann einen Grundriss der eigenen Wohnung zeichnen? Wer Haus und nähere Umgebung von oben zeichnen? Wer die nähere Umgebung oder den eigenen Stadtteil im Kopf aus der Vogelperspektive wahrnehmen und zeichnen? Wer dazu eine Landkarte von der weiteren Umgebung?

Wer in eine Deutschlandkarte und eine Europakarte Städte und Länder einzeichnen? Wo sind Orientierungspunkte, die bei der Problemlösung helfen (Straßen, Flüsse, Gebirgszüge …). Ein Kind, das Freude an solchen Aufgaben hat, mitmacht und Können zeigt, beweist, dass es Strukturen im Blick hat (ab Grundschulalter).

- **Im Zoo.** Wer durch den Zoo geht, begreift schnell, dass hier Ordnung herrscht: hier die Raubtiere, da die Affen. Oder nach welchen Kriterien ist das Ganze eigentlich aufgebaut? Wer die Ordnung durchschaut, versteht gleichzeitig, dass auch im Tierreich Ordnung herrscht. Könnte man es besser oder anders machen (ab Grundschulalter)?
- **Zeitungsmeldungen.** Im Lokalteil von Tageszeitungen werden oft regionale, überschaubare Strukturprobleme angesprochen. Beziehen Sie Ihr Kind in solche Diskussionen mit ein,

suchen Sie im Gespräch gemeinsam mit ihm nach Lösungen: Mehr Hochhäuser ja oder nein in der Innenstadt – was spricht dafür, was dagegen? Mehr Umgehungsstraßen – was spricht dafür, was dagegen? Schauen Sie sich gemeinsam an, wie eine Ortschaft gegliedert ist (ab Grundschulalter).

- **Musik.** Wer schon früh lernt, einfache musikalische Kompositionen zu durchschauen, übt damit auch sein Denkvermögen (ab Grundschulalter).
- **Konstruktionen.** Wer kann mit anspruchsvollen Bausystemen komplizierte Bauwerke erstellen, Fahrzeuge bauen, die richtig funktionieren – mit oder ohne Vorlage (ab Grundschulalter)?
- **Zeichnungen.** Meistens steht beim Malen und Zeichnen die Kreativität und Ausdrucksfähigkeit mit Linien, Formen und Farben im Vordergrund. Beim Abzeichnen ist darüber hinaus die Fähigkeit gefragt, Strukturen zu erkennen und auf das Bild zu übertragen (ab Grundschulalter).

Selbständiges Denken fördern

Weil sie das Internet und den Fernseher zur Verfügung haben, ist es für Schulkinder heute kein Thema mehr, an Wissen heranzukommen. Ein Klick, und ich habe auf dem Bildschirm, was ich wissen will. Verführerisch einfach. In der Regel hinterfragt man die ins Haus gelieferten Informationen nicht mehr. Viele halten für wahr, was sie sehen oder lesen. Dass Bilder aber längst nicht so eindeutig sind, wie sie uns glauben machen, dass Internettexte nicht unbedingt wahr sind, wird leicht übersehen. Wer »alles« im Internet findet, ist noch lange nicht klug. Fachleute beklagen, dass Kinder heute weniger nach eigenen Lösungen suchen, weniger nachdenken. Damit wird eine Basisfähigkeit – Probleme erkennen und selbständig lösen –, die man sein Leben lang braucht, sträflich vernachlässigt.

Den kritischen Blick üben

Deshalb heißt der erste und wichtigste Punkt bei der Begabtenförderung: erst nachdenken, dann nachschauen. Animieren Sie Ihr Kind, sich nicht einfach auf den Computer und das Wissen zu verlassen, das er ausspuckt, sondern Lösungen und Informationen zu hinterfragen. Machen Sie es auf die Tücken von Internet, Fernsehen und anderen Medien aufmerksam. Besprechen Sie anhand von Beispielen, wo sich Fallen auftun:

- **Beim Fernsehen.** In der Werbung wird das Blaue vom Himmel versprochen. Was stimmt, was stimmt nicht? Gleiches gilt für Talentshows. Schauen Sie sich Lieblingssendungen Ihres Kindes gemeinsam an und machen Sie Ihr Kind auf Unstimmigkeiten aufmerksam, auf Übertreibungen, Einseitigkeiten (ab Kindergartenalter).
- **Beim Zeitunglesen.** In der Sensations- und Klatschpresse geht es vor allem darum, Aufmerksamkeit zu erregen. Suchen Sie gemeinsam nach entsprechenden Artikeln. Schulen Sie den kritischen Blick Ihres Kindes beim Lesen (ab Schulalter).
- **Beim Surfen im Internet** (auf Infoseiten). Zeigen Sie, wo die Klippen liegen (ab Schulalter).

Sprechen Sie häufiger über diese Thematik. Ohne erhobenen Zeigefinger und Belehrungen wächst so die Wahrscheinlichkeit, dass Sie Gehör finden werden und Ihr Kind beim Fernsehen, beim Lesen seinen Denkapparat einschaltet, hinterfragt und Informationen nicht einfach konsumiert.

Probleme lösen: mit Originalität ans Ziel kommen

Beobachten Sie, wie Ihr Kind mit Problemen umgeht. Versuchen Sie herauszufinden, ob und wie es an von Ihnen angeregten Aufgaben wächst. Manche Aufgaben setzen Kreativität beim Denken voraus, verlangen neue Blickwinkel, machen gerade deshalb Spaß. Kinder haben Spaß an originellen Fragestellungen und lernen selbständiges Denken.

- **Münchhausen.** Sie erzählen die Sage vom Lügenbaron Münchhausen in Kurzform:»Bei einem Feldzug wurde einst eine Festung belagert. Der Marschall wollte wissen, wie es um diese Festung stünde. Es war jedoch nicht möglich, durch die Vorposten und Gräben in die Festung zu gelangen. Voller Mut, Diensteifer und Tatendrang stellte sich Münchhausen, so erzählt er, neben eine der größten Kanonen, die auf die Festung gerichtet war. Als diese Kanone abgefeuert wurde, sprang er mit Schwung auf die aus dem Rohr herauszischende Kugel und wollte mitsamt der Kugel in die Festung fliegen. Während des Fluges bekam er allerdings Bedenken: Hinein kommt man schnell, dachte er, aber wie kommt man wieder heraus?« Bevor Sie die Geschichte fortsetzen, fragen Sie Ihren Zuhörer: Wie hätte Münchhausen ohne Kanone und Kanonenkugel in die Festung gelangen können und wie wieder heraus? (Fortsetzung:»Als eine Kanonenkugel aus der Festung heraus durch die Luft schwirrte und an Münchhausen vorüberflog, schwang er sich auf diese Kugel und kam, wenn auch unverrichteter Dinge, so doch gesund und munter wieder in seinem Feldlager an.«, ab Schulalter).
- **Märchen.** Auch mit Hilfe von Märchen können Sie nach kreativen Problemlösungen fahnden: Sie lesen Märchen vor und beenden die Geschichte, wenn ein Problem auftaucht. Wenn Schneewittchens Stiefmutter vor dem Spiegel steht und böse Pläne ausheckt. Wie hätte sich Schneewittchen gegen die Stiefmutter wehren können? Welche Alternativen hätte Aschenputtel gehabt? Welche Rotkäppchen? Später lesen Sie das Märchen zu Ende (ab Kindergartenalter).
- **Filme.** Sie schauen sich zu Hause einen Film auf DVD an, unterbrechen den Film, wenn er gerade besonders spannend wird. Suchen gemeinsam nach alternativen Problemlösungen und schauen später, welche Idee im Film verwirklicht wurde (ab Kindergartenalter).

- **Frage-und-Antwort-Spiel.** Aus diesem Spiel lässt sich ein Ritual machen: Immer, wenn Wartezeit ansteht – im Auto, beim Arzt, im Gasthaus –, werden abwechselnd ziemlich absurde Aufgaben gestellt wie etwa: Ein Nilpferd soll gewogen werden. Wie kann man das bewerkstelligen? Oder: Ein Riese will im Golf mitfahren. Wie kann man das Problem lösen? Oder: Ein großer Dampfer liegt in einem ausgetrockneten Fluss. Wie bekommt man ihn wieder flott? Dieses Spiel ist ein Intensivkurs in Kreativität. Erstens erfordert es Gehirnschmalz, sich Probleme auszudenken, zweitens auf Lösungen zu kommen (ab Schulalter).

- **Erfinder.** Maschinen erfinden und aufzeichnen, neue Welten erfinden und aufzeichnen – ein Spaß für viele, und eine Herausforderung. Wie könnte zum Beispiel eine Nahrungsmittelherstellungsmaschine aussehen? Wie eine Unterwasserstadt? Wie eine Stadt auf dem Mond? Lauter Aufgaben für kreative Denker, die bei der Lösung ihre Begabung zeigen können (ab Schulalter).

Ausprobieren und Bauklötze staunen

Viele Kinder sind Fans von Zahlenspielen, Rätseln, Zauberkunststücken, Experimenten und Denkaufgaben. Ganze Bibliotheken sind damit gefüllt. Denn Forscher und Denker brauchen viel »Futter« fürs Gehirn.

Experimente zum Weitermachen

Das kann doch nicht sein – oder doch? Was steckt dahinter? Neugierige, denkfreudige Kinder experimentieren gerne. Wie gut, wenn man sie lässt. Einige Anregungen für »Forscher«:
- **Schwebendes Wasser.** Ein Glas wird randvoll mit Wasser gefüllt (fast bis zum Überlaufen), dann mit einem Bierde-

ckel abgedeckt. Das Glas umstülpen, dabei natürlich den Bierdeckel festhalten, andrücken. Die Hand wegziehen. Der Deckel haftet am Glasrand. Die Erklärung: Zum einen drückt das Wasser von innen gegen den Deckel, zum anderen drückt auch die Luft von außen dagegen, und zwar mit erheblich größerer Kraft (ab Grundschulalter).

- **Durchlöcherte Hand.** Rollen Sie ein Blatt Papier, Länge etwa 20 bis 30 Zentimeter, zu einer Röhre im Durchmesser von drei bis vier Zentimetern. Wer jetzt seine linke Hand in einigem Abstand (ausprobieren) vors linke Auge hält und die Papierröhre vors rechte Auge hält und durchguckt, erlebt eine Täuschung: In der Hand erscheint ein Loch. Der Grund: Jedes Auge sendet sein eigenes Bild ans Gehirn. Dort wird aus den beiden einzelnen Bildern wieder ein ganzes zusammengesetzt. Das kann zu Wahrnehmungstäuschungen führen (ab Grundschulalter).
- **Doppelnase.** Bei diesem Experiment werden Zeigefinger und Mittelfinger überkreuzt. Bitten Sie Ihr Kind dann, die beiden verquickten Finger so an seine Nasenspitze zu führen, dass die beiden Fingerkuppen die Nasenspitze berühren. Wenn es jetzt die Fingerspitzen am Nasenrücken behutsam rauf und runter bewegt, dann fühlt es zwei Nasen: ein ganz komisches Gefühl. Und auch eine seltsame Erfahrung mit dem Tastsinn und mit einem irregeführten Gehirn (ab Grundschulalter).

Rätsel und Denkaufgaben: Gymnastik fürs Gehirn

Rätsel und Denkaufgaben fördern wie alle guten Spiele Ihr Kind, sie fördern seinen Scharfsinn und machen vor allem Spaß – und der ist beim Lernen entscheidend. Wer gut dabei abschneidet, hat viel im Köpfchen, beweist Phantasie und Geduld. Denn anders als beim Quiz kommt man hier mit viel Wissen nicht weiter.

- **Gedächtnistraining und Gruppenspiele:** Je mehr im Zimmer sind, desto besser. Einer geht vor die Tür. Die anderen vertauschen jetzt ein paar Sachen: Uhren, Brillen, Schuhe … Dann wird der Mitspieler gerufen. Erkennt er, was vertauscht wurde? Oder: Positionen unter den Spielern werden verändert. Oder verschiedene Sachen werden auf einem Tablett gezeigt. Wer weiß nach fünf Minuten noch, was auf dem Tablett lag? Oder es werden lauter Spielzeuge blind abgetastet. Dann wird eine Sache aus der Reihe ausgetauscht. Wer erkennt die Veränderungen? Oder Sie fangen in Gedanken an, Ihren Koffer zu packen, zählen eine Sache auf, die hineinkommt. Dann ist der nächste Spieler an der Reihe, wiederholt, was Sie gesagt haben, und fügt eine weitere Sache an. So wird die Liste immer länger. Je länger der Koffer gepackt wird, desto schwieriger ist es, die Liste im Kopf zu behalten (helfen ist erlaubt). Schneiden Kinder bei diesen und anderen Gedächtnisspielen besser als Erwachsene ab, muss das nicht außergewöhnlich sein, denn in puncto Gedächtnis sind Kinder Erwachsenen meistens überlegen: Sie sind noch offener für neue Eindrücke (ab Kindergartenalter).
- **Knobeln und tüfteln.** Wer Rätsel und Scherzfragen beantworten will, muss in seinem Kopf kramen. Ein paar Beispiele: Welcher Abend fängt schon morgens an? (Sonnabend). Was muss jeder werden, aber nicht sein? (alt). Was geht ununterbrochen um einen Baum herum, ohne müde zu werden (Rinde). Welche Betten sind die größten (Flussbetten; ab Grundschulalter)?

In vielen Spielebüchern finden Sie Streichholzspiele, Münzspiele, Schreib- und Malspiele, die Köpfchen verlangen und Spaß machen. Sie bringen den Denkapparat auf Trab, verlangen Ihrem Kind Einsatz ab. Oder regen Sie ein Ritual für zwei an: In ein Extrarätselheft werden Fragen geschrieben, die dann wechselseitig beantwortet werden sollen.

7 Geschickt mit Worten jonglieren

Über einen reichen Wortschatz verfügen. Sich gewandt
ausdrücken können. Gedanken sprachlich auf den
Punkt bringen. Sprachliche Begabung zeigt sich in ganz
verschiedenen Bereichen. Die Aufgabe von Sprache:
Kommunikation. Gedanken und Gefühle in Worte fas-
sen. Sich verständlich machen. Ein Vorteil für jeden,
der das besonders gut kann.

Eng verbunden mit dem Denken ist unsere Sprache. Sie ist das
Instrument, mit dessen Hilfe wir unser Denken ordnen, unsere Erinnerungen wieder beleben, Ereignisse beschreiben und
ausdrücken, was uns durch den Kopf geht und was wir fühlen.
Nur wenn Sätze und Wörter an unsere Gedanken und Gefühle, Erfahrungen und Erinnerungen gekoppelt sind, machen sie für uns Sinn. Dieses Zusammenspiel beherrschen
sprachbegabte Kinder meist schon frühzeitig: So erzählt mancher Fünfjährige ellenlange Geschichten, die in seinem Kopf
entstanden sind, und seine Zuhörer staunen, wie gut er sich in
seinem Alter ausdrücken kann. Oder ein Sechsjähriger zeichnet Comics und schreibt komische Texte in Sprechblasen.
Manchmal schaltet er den Ton vom Fernseher ab und erzählt
seine eigenen Texte zu den Bildern.

Sprachliches Talent äußert sich auf ganz unterschiedlichen
Gebieten. Die einen beherrschen ihre Muttersprache aus dem
Effeff, verfügen über einen reichen Wortschatz, haben ein fei-
nes Gespür für unterschiedliche Schattierungen von Wörtern.
Die anderen benutzen Sprache, um andere auf ihre Seite zu
ziehen, wortgewaltig von ihren Ideen zu überzeugen. Für

wieder andere ist die Sprache ein Präzisionsinstrument. Sie bringen mit ihrer Hilfe komplizierte Gedanken exakt auf den Punkt. Für manche ist die Sprache vor allem Musik. Nur wer in Sprache badet, kann eine sprachliche Begabung entwickeln. Die beste Sprachförderung: im Alltag in ganzen Sätzen sprechen, egal ob Dialekt oder Hochsprache. Entscheidend ist eine möglichst präzise Ausdrucksweise. So breit Sprache angelegt ist, so breit auch das Spektrum unterschiedlicher sprachlicher Begabungen.

Wie in so vielen Begabungsbereichen, besteht auch bei der Sprachförderung Ihre besondere Aufgabe als Eltern darin, die Balance zwischen zwei Polen zu halten: Zum einen auf das zu reagieren, was Ihr Kind möchte, etwa Fernsehserien ansehen

oder Computerspiele machen. Zum anderen gutes Material,
Anregungen, Vorschläge in petto zu haben und an das Kind
zu bringen (Vorlesegeschichten, Bilderbücher, erste Krimis,
Hörromane – je nach Altersstufe und Geschmack).

Weniger ist mehr: Halten Sie sich zurück mit Förderange-
boten. Gehen Sie in erster Linie auf die Fragen, auf die individuellen Vorlieben Ihres Kindes ein, auf seine Lieblingsspiele
und seine Fähigkeiten, mit Sprache umzugehen. Fördern Sie
seine Offenheit, indem Sie eine anregende Umwelt gestalten.
Impulse setzen. Freuen Sie sich gemeinsam mit Ihrem Kind
über seine sprachlichen Fortschritte und seinen Spaß am Umgang mit Sprache.

Auch wenn die Sprachfähigkeit unter Kindern und Jugendlichen, wie Fachleute meinen, zu wünschen übrig lässt, gibt es
noch viele Menschen, die flink mit der Zunge sind, wie ein
Wasserfall reden und ganz offensichtlich über gewisse sprachliche Begabungen verfügen. Egal, ob sie einen Viel- oder We-
nigredner zu Hause haben, alle Eltern haben die Aufgabe, die
sprachlichen Entwicklungschancen ihres Kindes wahrzuneh-
men. Verzichten Sie darauf, fertige Sprachförderprogramme
und Bildungskataloge anzubieten, Ihr Kind mag zu Hause sicherlich keinen »Lehrplan« zur Sprachförderung verordnet
bekommen. Zu Hause auch noch Schule? Nein, bloß nicht!
Bieten Sie Ihrem Kind stattdessen unterhaltsame Spiele an, die
seine Sprache fördern.

Wenn Sprache Musik in den Ohren ist

Besondere sprachliche Fähigkeiten drücken sich bei Kindern
oft schon früh in einer besonderen Liebe zur Sprache aus. So
können sie sich kringelig lachen über seltsame Wörter wie
etwa Heckmeck, Simsalabim, Kuckuck. Das ist Musik in ihren Ohren. Gehen Sie auf diese Freude ein!

Die Liebe zu Sprachmelodien verstärken

Bereichern Sie den Alltag mit Reimen, Geschichten, Liedern – mit allem, was mit klangvoller Sprache zu tun hat. Besonders beliebt bei jüngeren Kindern: Wiederholungen. Davon können sie nicht genug bekommen. Mit den Wiederholungen prägt sich ein, was sie zu hören bekommen.

- **Kinderreime.** In alten und neuen Kinderreimen, in Fingerspielen ist meistens das zu finden, was im Kindergartenalter gefragt ist: Wortgeklingel (Ene, mene Tintenfass …), Humor (Himpelchen und Pimpelchen …), leicht Groteskes (Hänschen Klein saß allein auf einem Kilometerstein …), Respektloses (Unser Ännchen ist die Braut, kann nicht länger warten …), Reime (Backe, backe Kuchen, Mehl in ein Tuchen …) und Sprachmelodien. Alles zusammen fördert die Liebe zur Sprache (ab Kindergartenalter).

- **Kinderlieder.** Neben der Melodie ist Wortgeklingel auch in Liedern beliebt wie etwa »Summ, summ, summ, Bienchen summ herum« oder »Gretel Pastetel«. Sie können ein erster Anreiz sein mitzusingen (ab Kindergartenalter).

- **Phantasiesprache.** Ältere Kinder erfinden lieber eigene klangvolle Phantasiesprachen. Sie amüsieren sich, wenn ihre Erfindungen auch nur entfernt an das Chinesische erinnern oder an das Italienische (ab Grundschulalter).

- **Zungenbrecher.** Es ist nicht nur schwierig, einen Zungenbrecher wie »Fischers Fritze fischte frische Fische« auf die Reihe zu bekommen, sondern es macht Kindern auch Freude, selbst seltsame Satzgebilde auszudenken (ab Grundschulalter).

Geschichten erzählen, mit Sprache spielen

Die beste Sprachförderung findet nebenbei im Alltag statt, wenn Sie mit Ihrem Kind im Gespräch sind. Beim Frühstück, nach der Schule, beim Mittagessen – immer, wenn sich Gelegenheit dazu bietet. Täglich haben Sie viele Möglichkeiten, die Sprechfähigkeit, das Sprachvermögen zu fördern. Indem Sie von Ihren Erlebnissen, Gefühlen, Gedanken berichten, animieren Sie Ihr Kind dazu, auch von sich zu erzählen. Indem Sie fragen (nicht insistieren), indem Sie zuhören. Lassen Sie Ihr Kind gleichermaßen zu Wort kommen. Allerdings mag nicht jedes Kind reden, erzählen, mitteilsam sein. Das zu akzeptieren, fällt Eltern oft schwer.

In Sprache eintauchen, Geschichten aufsaugen

Tauchen Sie gemeinsam mit Ihrem Kind in Geschichten, Märchen, Balladen ein.

- **Vorlesen.** Nehmen Sie sich Zeit für das Vorlesen. Lesen Sie Geschichten, Zeitungsartikel, Gedichte vor. Machen Sie ein Ritual daraus. Lesen Sie mit verteilten Rollen. Weitere Tipps: Eine Geschichte nicht zu Ende lesen, sondern kurz vor Schluss aufhören. Den Schluss dazu phantasieren. Später das »richtige« Ende nachlesen. Lesen Sie Balladen, Märchen und Sagen vor. Gerade die »alte«, besondere Sprache macht für manchen den besonderen Reiz an der Sache aus. Sprechen Sie über Sprachrhythmus, über Reime. Vielleicht zeigt sich das Sprachtalent Ihres Kindes, indem es eigene Verse schmiedet, eigene Geschichten erfindet, seine Phantasie spielen lässt und sich neue Sagen, vielleicht ganze Romane ausdenkt. Ihr Part: geduldiges Zuhören, nachfragen. Ein enger emotionaler Kontakt zwischen Vorleser und Zuhörer ist Voraussetzung für eine gelungene Förderung. Deshalb bringt Sprachtraining per Fernseher nicht viel (ab Kindergartenalter).
- **Erzählen.** Erzählen Sie Ihrem Kind viele Geschichten. Bekannte Geschichten in neuer Form, ausgedachte Geschichten, wahre Geschichten und Lügengeschichten. Ge-

schichten aus dem Fernsehen und der Zeitung. Geschichten kann man immer erzählen: im Wartezimmer beim Arzt, beim Autofahren, beim Gute-Nacht-Sagen … (ab Kindergartenalter).

- **Fragespiele.** Einer stellt Fragen wie:»Kann eine Katze springen?«»Kann ein Eichhörnchen klettern?« Ein Mitspieler beantwortet die Frage mit Nicken oder Kopfschütteln. Wenn Ältere mitmachen, werden die Rollen nach jedem Kopfschütteln getauscht. Auch ganz wichtig: Das Tempo während des Spiels steigern (ab Kindergartenalter).
- **Theater spielen.** Nicht nur beim »richtigen« Theater auf einer Bühne spielt Sprache eine wichtige Rolle, sondern auch beim ganz normalen, alltäglichen »Theater« zu Hause: Sprache besteht nicht nur aus Worten, sondern auch aus Gesten, Mimik, Lautstärke. Spielen Sie damit. Zeigen Sie Ihrem Kind, wie viel Überzeugungskraft, Energie, Fröhlichkeit in einer Stimme liegen kann. Spielen Sie gemeinsam beim Theater mit dieser Ausdrucksfähigkeit von Stimme und Sprache (ab Kindergartenalter).
- **Eigenschaften beschreiben.** Ein Wechselspiel. Je mehr mitmachen, desto besser. Sie beschreiben eine Person und benutzen dabei möglichst viele Eigenschaftswörter wie etwa: Die dicke, kleine Frau mit der knubbligen Nase, auf der eine eckige, rosa Brille sitzt, schaut empört und stirnrunzelnd in die Runde und ruft lauthals:»Dieses giftgrüne…!« Wenn das Wort giftgrün zu hören ist, wird gewechselt. Wer zuerst»stopp« ruft, darf weitererzählen und baut wieder möglichst viele Eigenschaftswörter dabei ein. Ein Spiel, das den Wortschatz erweitert (ab Grundschulalter).
- **Bildbeschreibungen.** Ein gutes Sprachtraining: Bilder in allen Einzelheiten beschreiben – im Museum, in Bildbänden, in Zeitschriften. Oder beim Stadtbummel, vor einem Schaufenster stehend, die Auslagen möglichst genau beschreiben (ab Grundschulalter).

- **Lesen.** Wenn Bücher in Ihrem Leben eine Rolle spielen, wenn Sie häufiger in Buchhandlungen, in Büchereien gehen, viel lesen – Bücher, Zeitungen, Zeitschriften –, lesen Sie viel vor, animieren Sie Ihr Kind ebenfalls zum Lesen. Lesen ist die allerbeste Sprachförderung. Wer liest, kommt in der Welt herum, kann in Geschichten eintauchen, spannende Menschen kennenlernen, auf Abenteuerreise gehen. Kann Denkanregungen finden, Wissen ansammeln. Erzählen Sie Ihrem Kind von Ihren Lieblingsbüchern aus Kinderzeiten, von Büchern, die Ihnen jetzt viel bedeuten, von Zeitschriften und Zeitungen, die Sie mögen (ab Grundschulalter).
- **Volks- und andere Lieder.** Nach den ersten Kinderliedern interessieren sich Kinder eher für getragene Lieder, die ganze Märchen, Sagen, Geschichten erzählen von Königen und Landschaften wie etwa »Es waren zwei Königskinder, die hatten einander so lieb«, »Loreley« oder »Es war ein König in Thule«. Moderne Lieder erzählen dagegen eher fröhliche, leichte Geschichten. Egal, welche Lieder: Die Texte sensibilisieren auch für Sprache.
- **Schreiben.** Wer gerne und viel liest, kommt vielleicht auf die Idee, Geschichten auszudenken und aufzuschreiben. Wenn Ihr Kind schreibt, lassen Sie sich auf seine Geschichten ein. Sprechen Sie mit ihm darüber. Erzählen Sie ihm von Schriftstellern und Journalisten (ab Grundschulalter).

Mit Worten und Sprüchen spielen

Wer Freude an Sprache hat, spielt gerne mit Sprache. Wer sich die Zeit gerne mit Witzen, mit Reimen, Sprüchen, Scherzfragen vertreibt, wird dabei nicht nur fit im Denken, sondern auch in Sprache. Sprachbegabte freuen sich an Wortspielen.

- **Gedächtnistraining und Sprachübung.** Die Mitspieler sitzen draußen auf einer Bank. Dann Augen zu und aus dem Gedächtnis beschreiben, was von der Bank aus zu sehen ist.

- **Teekesselraten.** Zwei aus einer Runde verständigen sich über einen doppeldeutigen Begriff. Jeder wählt nun einen aus und beschreibt ihn. Die anderen müssen raten, welches doppeldeutige Wort gemeint ist. Wörter wie Ball, Schloss, Atlas, Auge, Bank sind als Teekessel zu gebrauchen.
- **Rätsel** eignen sich als Denkübung und als Trainingseinheit für sprachliche Fitness. Wer nach den richtigen Lösungen und Worten sucht, bringt seine grauen Zellen in Bewegung. Einige Beispiele: Welches Bein kann nicht laufen? (Tischbein) Wer freut sich, wenn er brotlos wird? (Bäcker)
- **Worte finden.** Ein Spiel für zwei. Immer abwechselnd werden Themen gestellt, wie etwa »Teich«, »Strand«, »Quelle«, »Rummelplatz« oder »Waldlichtung«. Wer an der Reihe ist, muss beschreiben, wie ein Teich aussieht. Vielleicht fallen ihm Wasserpflanzen, Steine, modriger Untergrund, Goldfische dazu ein. Oder etwas ganz anderes. Und wie ist das mit dem Strand?

8 Schon früh ein Ass in Sport

Bewegung ist gesund, hält Körper und Seele zusammen. Dass sie im Sport viele und ganz unterschiedliche Lebenserfahrungen sammeln können, ist den wenigsten Kindern bewusst. Ihnen geht es um den Spaß an der Sache, manchmal auch um sportliche Erfolge. Wie kann man erkennen, ob ein Kind über besonderes sportliches Geschick verfügt, und wie kann man sportliche Begabung fördern?

Er rennt den ganzen Tag. Stillsitzen ist nicht sein Ding. Meistens schießt er einen großen Ball vor sich her oder wirft einen kleinen in die Luft und fängt ihn. Sie geht gerne rückwärts, wünscht sich ein Einrad und bekommt locker einen richtig guten Handstand hin. Kinder sind Energiebündel und Kraftwerke. Sie laufen, hüpfen, rennen, kugeln durch die Gegend – wenn man sie lässt.

Nur mit Bewegung und Aktivität lässt sich selbständig etwas über die Welt erfahren. Sport ist mehr als nur ein Ausgleich für Stillsitzer. Bewegung ist zuerst einmal Körpererfahrung und Raumerfahrung. Nur wer eine Vorstellung von Form, Größe, Umfang und den Fähigkeiten seines Körpers hat, vermag seine Umwelt zu erforschen. Genau diese motorischen Erfahrungen bleiben aber immer mehr Kindern verwehrt. Statt draußen zu spielen und herumzutoben oder gemeinsam mit Freunden über den Sportplatz zu flitzen, verbringen sie viel Zeit vor dem Computer und vor dem Fernseher. Die Körpererfahrungen sind insbesondere für Jungs unersetzbar – wie auch Bewegung für die Gesundheit unersetzbar ist. Deshalb freuen Sie sich über sportliches Talent Ihres Kindes und fördern Sie es!

Eine Kehrtwende machen:
Bewegung verordnen

Der Mangel an Bewegung hat Folgen für Körper, Geist und
Seele. Immer mehr Kinder leiden unter Haltungsschäden,
unter Entwicklungsstörungen und sind zu dick. Einfache
Übungen wie Purzelbaum rückwärts, Rad schlagen, Hand-

stand schaffen viele nicht mehr. Bewegungstalente werden gar nicht erst entdeckt, oder sie verkümmern. Wer sich nicht austobt, kann nicht zu Kräften kommen. Eigentlich ist die Lust auf Bewegung angeboren, doch heute versiegt diese Kraft bei vielen. Und mit der Lust auf Bewegung verschwindet auch einiges an Lebensfreude, denn sie ist an Bewegung gekoppelt. 650 Muskeln hat der Mensch, und diese Muskeln wollen trainiert werden. Beim Ringen und Raufen, beim Wettkampf auf dem Sportplatz, beim Schwimmen, bei Geländespielen. Umso wichtiger, Kindern wieder das zu verschaffen, was sie unbedingt brauchen: jede Menge Bewegung. Bei viel Bewegung atmet man tiefer. Das heißt auch: mehr Sauerstoff fürs Gehirn. Das Herz klopft begeistert. Müdigkeit und Unlust werden weniger.

Einmal am Tag richtig aus der Puste sein

Wer etwas gegen Bewegungsarmut tun will, sollte nicht gleich mit ausgeklügelten Trainingsplänen oder einer Beitrittserklärung zum Sportverein oder Ballettkurs winken, sondern möglichst viel Bewegung in den Alltag einbauen. Versuchen Sie, Ihren Sohn, Ihre Tochter anzuleiten, sich frei und sicher zu bewegen, immer mutiger, immer selbständiger. Aber machen Sie keinen Druck, sondern verfahren Sie nach dem Prinzip: Das Ganze soll Freude sein und keine Pflicht. Suchen Sie nach Bewegungsmöglichkeiten, die sich in Ihrer Familie verwirklichen lassen. Spüren Sie heraus, was Ihr Kind mitmachen will, drängen Sie ihm nichts auf. Geben Sie ein gutes Beispiel ab. Leben Sie vor, dass Bewegung gute Laune und zufrieden macht. Kein Wunder: Bewegung setzt Glückshormone frei. Schauen Sie sich auch an, wie sich Ihr Kind bewegt. Besonders geschickt? Besonders schnell? Zeigen sich erste Hinweise auf Talent?

- **Treppen steigen.** Benutzen Sie nur selten Fahrstühle, häufiger die Treppe. Wer kann Stufen überspringen? Wer ist am schnellsten? Wer kann rückwärts gehen?
- **Radeln.** Lassen Sie Ihr Kind zum Kindergarten, zur Schule radeln. Mit einem Erwachsenen an seiner Seite lässt sich das oft machen.
- **Zu Fuß gehen.** Gehen Sie möglichst häufig zu Fuß, zum Einkaufen, zu Freunden, zum Verein ...
- **Joggen.** Nehmen Sie Ihr Kind einmal in der Woche beim Joggen mit. (Vielleicht kommen die Erwachsenen dann nicht ganz auf ihre Kosten, dafür aber das Kind.)
- **Kinderzimmerspiele.** Bauen Sie zu Hause in den Alltag Bewegungsspiele ein wie etwa: durchs Zimmer rollen, rückwärts gehen, aus dem Stand so hoch wie möglich springen, auf einem Bein stehen wie ein Storch und dabei möglichst nicht wackeln, Purzelbaum schlagen, Kerze machen.
- **Spaziergang.** Versuchen Sie, einen Spaziergang als Familienritual einzuführen (mit Hund ganz einfach): Abends wird noch eine Runde durchs Dorf, durch den Wald, durch das Stadtviertel gedreht: mal auf einem Bein hüpfend, mal im Schlusssprung vorwärtskommend ... Welche »Übungen« fallen Ihrem Kind ein?
- **Toben.** Verschaffen Sie ihrem Kind regelmäßig draußen Bewegung, und zwar nicht nur auf dem immer gleichen Spielplatz um die Ecke. Machen Sie Ausflüge zu anderen Spielplätzen, in den Park, in den Wald. Bieten Sie unterschiedliche Möglichkeiten an, sich auszutoben und sein Bewegungstalent zu entdecken, beim Klettern, Balancieren, Springen, Rennen. Auch einfache Spiele wie Verstecken und Fangen sind ein brauchbares Fitnesstraining. Alle Gelände- und Sportspiele kommen gut an. Vor allem machen sie Spaß.

Viel Bewegung ist ein Weg Richtung Sport. Wer viel auf Trab ist, gerne und oft in Bewegung, wird geschickter und selbstbewusster: Er gewinnt eine positivere Ausstrahlung – und kommt meistens irgendwann beim Sport an: Aus dem Wettlauf mit dem großen Bruder wird Leichtathletik. Aus dem Ballspielen im Hof aufgrund des guten Ballgefühls Tennis.

Freunde zum Mitmachen

Freunde, Geschwister, Nachbarskinder – Ihr Kind braucht »Mitturner«, denn immer allein macht der aufregendste Spielplatz keinen Spaß. Es will und muss seine Kräfte mit anderen, mit Kleineren, Größeren, Kräftigeren, Schwächeren, Schnelleren, Langsameren messen können, um selbst herauszufinden, was es leisten kann oder auch nicht. Die anderen werden nicht nur als Maßstab, sondern auch als Publikum gebraucht, das anfeuert, lobt, kritisiert. Nicht nur die Eltern stärken das Selbstvertrauen, bauen nach Misserfolgen wieder auf, feiern Erfolge mit, sondern zunehmend auch Gleichaltrige.

Im Verein langsam selbständig werden

Natürlich sind längst nicht alle Kinder bequem, unwillig, unfähig, sich körperlich einiges abzuverlangen. Viele treiben Sport, sind in Vereinen organisiert. Kam die Motivation in den ersten Jahren von den Eltern, werden jetzt die Freunde, die Trainer wichtiger, die hoffentlich die Meinung vertreten: »Spaß und Lust sind mindestens so entscheidend wie Leistung und Ehrgeiz.« Sportliches Talent wird meistens in dieser Phase entdeckt.

- **Schnupperkurse.** Gut, wenn Sportvereine Schnupperkurse anbieten, in denen man ausprobieren und herausfinden kann, was einem im sportlichen Bereich am meisten liegt. Fragen, die in der Familie diskutiert werden sollten: Wie viel kostet der Sport? Will das Kind alleine Sport treiben oder im Team? Auf dem Rasen oder im Wasser? Mit oder ohne Geräte? Mit großem oder kleinem Ball? Absolviert Ihr Kind einen Schnupperkurs, unterstützen Sie es, indem Sie Interesse zeigen, nachfragen und zuschauen. (Aber nur auf Wunsch Ihres Kindes zuschauen. Manche Kinder wollen lieber ungestört sein, ihren eigenen Bereich allein entdecken und pflegen.)

- **Welche Sportart?** Viele Kinder sind froh, wenn sie verschiedene Sportarten, die möglichst in der Nähe geboten werden, kennenlernen dürfen und dann weitgehend selbst entscheiden, welche sie ausüben möchten. Haben sie sich entschieden, dann heißt die Abmachung: Diese Sache wird jetzt längere Zeit ausprobiert, nach ein paar Monaten Zwischenbilanz gezogen und gemeinsam überlegt: auf Dauer dabeibleiben oder eher nicht? Richtig doch nicht? Ist eine Entscheidung gefallen, kommt ein baldiger Wechsel nicht mehr in Frage. Diese Verabredung gilt jetzt.

- **Mannschafts- oder Einzelsportart.** Wer im Verein organisiert ist, dem ist das Gemeinschaftserlebnis – »Wir gehören zusammen!« – wichtig, und zwar unabhängig davon, ob er in einer Mannschaft (Hockey, Fußball) antritt oder allein (Tennis, Reiten). Natürlich wird bei Mannschaftsspielen neben sportlichen Leistungen soziales Verhalten verlangt.

Eltern: Herausforderer und Unterstützer

Eltern haben die Entwicklung ihres Kindes nicht nur im Auge, sondern beeinflussen sie auch wesentlich:

- ★ Als Herausforderer. Diese Rolle übernehmen Väter gerne. Erstens zeigen die meisten gerne, wie fit, wie stark sie selbst sind, und sagen: »Mir nach!« Sie stellen Aufgaben, regen Wettkämpfe an wie: »Wer ist als Erster an der nächsten Ecke?« Oder: »Wer kann auf den Baum klettern?« Väter schauen aufs Talent und sie wollen auch Leistung sehen.

* Als Unterstützer. Die typische Rolle von Müttern. Sie gehen auf ihr Kind ein, unterstützen es. Reden mit ihm über seine Erlebnisse und Erfahrungen. Bauen auf, loben, trösten. Sie schaffen Voraussetzungen für ein erfolgreiches Training: stärken die Freude. Appellieren an das Durchhaltevermögen ... Unterstützung heißt auch: die Selbständigkeit eines Kindes fördern, es nicht verplanen, sondern mit ihm gemeinsam den Alltag sinnvoll gestalten – auch in puncto Bewegung. Vergessen Sie nicht, die Bemühungen Ihres Kindes zu loben. Jedes hat auch im Bereich Motorik seine Stärken, ist zum Beispiel schnell, geschickt, wendig, energiegeladen ... Nicht nur im Verein lässt sich Sport treiben, sondern auch außerhalb bietet sich eine breite Palette von Übungsmöglichkeiten an. Und: Wer im Verein kickt, sehnt sich danach, seine Eltern am Spielfeldrand als Zuschauer zu sehen. Darüber hinaus gibt er gerne eine »Sondervorstellung«, um zu zeigen, wie schusssicher, wie wendig, wie schnell er ist. Deshalb »müssen« Eltern ab und zu mitkommen, möglichst mitmachen, auf dem Fußballplatz antreten, auf dem Tennisplatz, wo auch immer.

Vereinsleben: neben Talent viel harte Arbeit

Eltern und Trainer merken in der Regel schnell, wenn ein Kind über besonderes Talent im Sport verfügt und hochmotiviert ist. Das sportliche Können wird meistens im Vergleich mit anderen gemessen. Wer sich ernsthaft einbringt, merkt bald, dass Talent nicht alles ist. Der kleine Fußballer marschiert bei Wind und Wetter zum Training, der Eishockeyspieler fährt am Wochenende im Bus zu Ligaspielen durchs Land, die Reiterin tritt zum Turnier in der Nachbarstadt an. Viel wichtiger als Talent scheint in der Praxis oft Leistungsbereitschaft, harte Arbeit und Ausdauer zu sein. Deshalb ist es wichtig, dass sich Ihr Kind, wenn es sich einer Sportart ernsthafter verschreibt, immer wieder fragt: »Mag ich neben der Schule wirklich dauernd zum Training gehen?« Oder: »Würde ich bei geringerem Talent ebenfalls hier sein?«

Aber: Kein Kind lässt sich gerne von A bis Z verplanen. Auch bei größtem Talent nicht. Achten Sie darauf, dass Ihrem Kind neben Schule und Sport auch Zeit für sich selbst bleibt.

9 Jetzt schon das Zeug zum Künstler?

Nicht wenige Kinder zeigen bereits im Kindergarten- und Grundschulalter besondere Begabungen im Musischen, sind richtig gut im Malen oder Musizieren. Was tun, wenn sich Ansätze einer Begabung zeigen? Wann ist der richtige Zeitpunkt für Extraunterricht? Und wie kann eine musische Förderung im Detail aussehen?

Als sie anfing, ihre Schmetterlingsbilder zu malen, spielte er längst Schlagzeug mit Kochlöffel auf dem Tisch und suchte nach »seinem« Rhythmus. Sie malt und zeichnet tagelang, und das seit Jahren. Sie langweilt sich nie dabei. Er spielt inzwischen Klavier und flucht häufig beim Üben. In der Grundschulzeit zeichnen sich solche Vorlieben immer deutlicher ab.

Balsam für die Kinderseele

Wird ein Kind in seinen musischen Anlagen und Möglichkeiten wahrgenommen und gefördert, hat es doppeltes Glück, denn Malerei und Musik machen nicht nur Freude, sind wunderbare Ausdrucksmittel, sondern unterstützen darüber hinaus körperliches und seelisches Wohlbefinden. So entstehen die Bereitschaft und der Wunsch, sich neuen Eindrücken und Erfahrungen zu öffnen.

Kinder lieben Musik, viele malen und zeichnen gerne. Wie keine anderen Sinneswahrnehmungen lösen Musik und Malerei Gefühle in Seele und Körper aus – und das scheinen wir zu mögen. Unsere Gefühle werden durch Farben, Formen, Bildinhalte beeinflusst. Düstere Bilder bedrücken, können Kinder bis in den Schlaf verfolgen. Heitere bauen dagegen auf. Noch intensiver ist der Einfluss durch Musik. Fröhliche Musik macht gute Laune, traurige melancholisch, aggressive munter, entspannende beruhigt. Kinder tanzen und hüpfen nach Musik. Kein Zweifel: Musik und Malerei bekommen ihnen gut.

Selbst Ärzte entdecken diesen positiven Einfluss und versuchen, Krankheiten mit Musik und Kunst zu heilen. Die Wirkung von Musik auf Menschen ist sogar messbar über den Blutdruck, Puls und Atem. Auch die Hirnströme verändern sich. Doch warum und wie verändert Musik unsere Empfindungen so deutlich? Weil bestimmte Hirnpotenziale stärker angeregt werden. Wohlklänge setzen Endorphine frei, und das ist gut für unsere Stimmung, sie reduzieren Stresshormone. Auch Farben wirken sich auf unsere Psyche aus.

Talente wachkitzeln

Wie kommen Kinder zur Musik und zum Malen? Bei manchen sind diese Vorlieben einfach da: Die ersten Kritzelbilder werden bereits früh mit großer Freude gefertigt oder die ersten Lieder begeistert mitgesungen. Bei anderen muss das Interesse erst geweckt, Talent wachgeküsst werden. Und wie gelingt das am besten?

Jedes Kind habe Talent zur Musik, sagen Musikpädagogen mit großer Überzeugung. Man müsse dieses Talent nur vorsichtig, sensibel, mit viel Behutsamkeit und ohne Belehrung und Erwartung wecken. Je eher ein Kind in Kontakt mit Musik komme, desto besser.

An Geräuschen ist kein Mangel in unserer Umwelt, denn Geräusche, Rhythmen, Töne, Musik gehören zu unserem Alltag. Auch Farben, Formen, Bilder sind heute überall zu haben, auf Reklamewänden, im Fernsehen. Wie vermittelt man einem Kind, dass es neben diesen Alltagsgeräuschen und Alltagsbildern noch anderes gibt: wunderbare Musik, besondere Bilder, und dass es mehr als befriedigend sein kann, selbst Musik zu machen, selbst Bilder zu malen? Und wie kann man Kinder darauf aufmerksam machen, wie intensiveres Interesse wecken, vielleicht sogar Talente?

Der erste Schritt: Sie sorgen für eine gute Grundlage, fördern die sinnliche Wahrnehmung, denn damit fängt alles an.

Die Sinne schärfen

Ihr Kind lernt nicht nur mit dem Kopf, sondern erfährt die Welt zuerst mit all seinen Sinnen. Es ertastet, sieht, hört, riecht und schmeckt sie, nimmt sie in allen Facetten wahr. So eindeutig wie diese Wahrnehmungen auf den ersten Blick erscheinen, sind sie übrigens nicht, denn wir sehen, hören, fühlen auch Dinge, die eigentlich gar nicht da sind. Sehen z. B. Gesichter in Wolkengebilden, entdecken Gestalten in Baumrinde. Hören Lieder im Säuseln des Windes, ganze Symphonien im Rauschen eines Bachs.

Die Sinne nehmen aber auch manches nicht wahr, was vorhanden ist. So wird die Nacht als tiefschwarz empfunden, obwohl sie Farben hat. Und im Wald genießen wir die Stille, obwohl der Wind Geräusche macht. Das heißt: Die Wahrnehmung bildet nicht einfach die Wirklichkeit im Kopf ab. Was in unserem Gehirn dank der Sinne erscheint, ist mehr als die Wirklichkeit, die mit Augen zu sehen, mit Ohren zu hören ist. So spielt die Phantasie bei unseren Wahrnehmungen eine erhebliche Rolle.

Das Gehirn wird erst durch die Eindrücke, Erfahrungen und Erlebnisse, die Ihr Kind beim Sehen, Hören, Riechen, Fühlen und Schmecken sammelt, zu dem, was es ist. Mit allen seinen Sinnen nimmt es zuerst wahr, ob Dinge heiß oder kalt sind, süß oder sauer, laut oder leise … Mit der Zeit differenziert sich dieses Lernen immer mehr. Auf diese Weise nimmt es unterschiedliche kulturelle Wahrnehmungsmuster auf und »düngt« so den »Nährboden«, auf dem Musik und Malerei gedeihen können.

Die Förderung der Sinne ist natürlich vor allem in den ersten Lebensjahren das Nonplusultra. Aber auch in den Jahren danach ist sie wichtig, denn die Entwicklung der Sinne und der Wahrnehmung ist ein lebenslanger Prozess. Sie werden dabei lange als Begleiter, Unterstützer, Förderer gebraucht – zum Beispiel, indem Sie Ihrem Kind Hör-, Geschmacks- und Seherlebnisse verschaffen.

Die sinnliche Wahrnehmung unterstützen

Als Ausgleich zum Stillsitzen in der Schule, vor dem Computer und Fernseher brauchen Kinder viele sinnliche Erlebnisse an anderer Stelle. Wenn sie die Sinne ihres Kindes fördern, schulen Eltern auch seine Wahrnehmungsfähigkeit, düngen den »Nährboden«, auf dem Begabung wächst – auch und gerade die musischen Talente gedeihen. Einige Beispiele dazu:

- **Tasten:** Bieten Sie Ihrem Kind immer wieder und möglichst oft die Gelegenheit, seinen Tastsinn zu üben, indem es barfuß über Wiesen, Strände, Steine läuft. Mit den Händen Teig, Knetmasse, Ton, Farben bearbeitet. Über Seide, Samt, Holz, Stein, Stroh und vor allem warme Haut streichelt. Dinge fühlt, bevor es sie ansieht.
- **Riechen:** Gerüche nehmen wir mit in unsere Erinnerung. Den Duft von Rosen. Den Geruch von Holzfeuer. Verschaffen Sie Ihrem Kind möglichst unterschiedliche und möglichst viele »Dufterlebnisse«.
- **Schmecken:** Wer abwechslungsreich isst, sammelt Lebenskompetenz, schenkt seinen Sinnen bereichernde Erlebnisse

und merkt bald: Neue Kartoffeln schmecken besser als alte. Frischer Kuchen besser als der von gestern, selbstgemachtes Kompott besser als das aus der Dose … Je vielfältiger die Anregungen, desto besser für die Entwicklung der Geschmacksnerven.

Die Kraft der Musik für Kinder nutzen

Rhythmen und Töne, Farben und Formen begleiten Menschen von Anfang an. Das Singen zu Hause, das Malen im Kindergarten, die musikalische Früherziehung im Nachmittagskurs, der Kunst- und Musikunterricht in der Schule. Und warum berührt uns Musik, warum ist sie für viele von so großer Bedeutung, und warum wünschen sich viele Eltern musikalisches Talent für ihr Kind?

- **Weil Musik Gleichklang schafft.** Nicht nur Musik, sondern auch bestimmte Vorgänge in unserem Körper werden durch Rhythmen geprägt: Herzschlag, Puls- und Atemfrequenz, Hormonzyklus … Zwischen dem Rhythmus von Musik und dem Rhythmus des Körpers bestehen Verbindungen.
- **Weil Musik Gefühle macht.** Der Hörsinn im Gehirn befindet sich neben dem limbischen System, das zuständig ist für alle Gefühle. Was das bedeutet, das drücken Kinder so aus: »Die Musik kribbelt in meinem Bauch!« Oder: »Ich habe bei der Musik eine Gänsehaut bekommen!«
- **Weil Musik motiviert,** die Wahrnehmungs- und Erlebnisfähigkeit des Gehirns schult. Es stimmt also: Mit Musik geht manches besser (damit ist aber keine Dauerberieselung gemeint). Auch in nicht musikalischen Bereichen wirke sich Musik positiv aus, sagen Forscher. Angenehme Empfindungen, durch Musik ausgelöst, seien ein Kick fürs Gehirn. Der Kopf kommt dann auf Touren. Die Motivation wird angeschoben. Und das wirkt sich positiv auf das Lernen aus.

Musizierende Kinder können sich besser konzentrieren. Sollen auch weniger aggressiv, dafür toleranter und sozial kompetenter sein als nicht nichtmusizierende. Und noch eins: Beim Musizieren kann ein Kind zeigen, was in ihm steckt, zu welchen Leistungen es fähig ist.

- **Weil Musik klüger macht.** Kann Musik Einfluss auf das räumlich-mathematische Denken nehmen? Wer früh lernt, musikalische Strukturen zu durchschauen und so sein abstraktes Denkvermögen schult, tut sich später nicht nur im Bereich Musik leichter, sondern aufgrund dieser frühen Vorbildung auch in der Mathematik. Das meinen jedenfalls viele Fachleute. Es gibt auch Skeptiker, die an einer dauerhaften Wirkung zweifeln. Fest steht: Schaden tut musikalisches Verständnis und Können sicher nicht!

Musik intensiv: das Zuhören fördern

Überall gibt es Lärm und Geräusche, überall Musik. Umso wichtiger ist es, dieser permanenten Dauerberieselung gezielte Musikerlebnisse entgegenzusetzen. Versuchen Sie, Ihr Kind mit den folgenden Aktionen für Musik zu begeistern:

- **Stille.** Ganz bewusst und häufiger für Ruhe sorgen und die Ruhe genießen, im Wald, im Garten, im Park, zu Hause (ab Kindergartenalter).
- **Kinderlieder.** Viele neue Kinderliedermacher erreichen Kinder mit ihren Texten und ihren Melodien. Der Funke springt sofort über. Manche dieser Lieder klingen nach Discomusik. Wird daran Kritik geübt, wehren sie sich mit dem Argument: »Hauptsache Kinder singen überhaupt noch mit. Und das ist bei diesen Liedern der Fall!« Leider wird wirklich wesentlich seltener gesungen als früher (ab Kindergartenalter).
- **Konzerte.** Natürlich ist es keine schlechte Idee, Kinder ins Konzert mitzunehmen, selbst wenn das Stillsitzen schwer-

fällt. Eine Alternative: abwechseln. Ein Kind bis zur Pause, das zweites danach. Oder Sie organisieren Hausmusik (ab Grundschulalter).

● **Oper.** Mit Kindern in die Oper? Bevor Sie diese aufwendige Großaktion wagen, versuchen Sie es mit Opernfilmen auf DVDs. Hier kann der Film zwischendurch gestoppt werden. Sie können etwas zur Musik, zu den Sängern, zu der Geschichte sagen und später wieder einsteigen. Lassen Sie Ihr Kind selbst bestimmen, für welche Oper es sich interessiert, wann und wie es in den Film ein- und aussteigen will (ab Grundschulalter).

● **Tanz, Ballett.** Mit Kindern ins Ballett? Ein Wagnis. Natürlich lassen sich manche faszinieren von dem, was sich auf der Bühne abspielt. Den meisten wird es bald langweilig: zu langsam, zu lang. Im Musical lassen sie sich leichter von den Tänzern begeistern: Da springt schon eher ein Funke über und weckt Begeisterung (ab Grundschulalter).

Zum Mitmachen animieren – und selbst musizieren

Musikbegeisterung entsteht nicht von allein. Der Schlüssel heißt: Wissen vermitteln, Anregungen geben. Der erste Schritt vom passiven Zuhören zum aktiven Mitmachen ist kleiner, als mancher meint.

● **Mitspielen.** Auf vielen CDs mit Kinderliedern werden Kinder aufgefordert, mitzuklatschen, mitzusingen, mit einfachen Bewegungen das jeweilige Lied nachzuspielen oder den Text mit Gesten zu untermalen. Damit werden aus passiven Zuhörern Mitgestalter. Nach dieser Methode können Sie ebenfalls mit Ihrem Kind singen, spielen, alte Kinderlieder wieder einführen wie etwa: »Auf unserer Wiese gehet was ...« Oder: »Der Mai ist gekommen ...« Besonders gut geeignet sind Märchenlieder wie »Dornröschen war ein schönes Kind« oder »Hänsel und Gretel«. Es lohnt sich, diese alten Lieder wieder ins Gedächtnis zu holen, denn sie sind einfach wunderschön und zeitlos. Für Nichtsinger: Mit Hilfe eines CD-Players können Sie fast vergessene Lieder wieder lernen. Auch wenn Sie nicht richtig singen, sollten Sie mit Ihrem Kind viel singen: Einfach aus Spaß an der Freude, denn das steckt an. Wenn Eltern vorsingen, wenn beim Singen Wärme, Nähe, Zuneigung mitschwingen, steigt jedes Kind ein, und Sie legen die Basis für das Singen. Auch später können Kinder noch lernen, richtig zu singen (ab Kindergartenalter).

- **Tanzen.** Egal, ob in der Küche, vor dem Radio oder beim Schützenfest – sobald sie Musik hören, wirbeln und wippen sie los: völlig frei und losgelöst. Zuhören? Viel zu langweilig! Ihnen liegt die Musik im Blut. Den Rhythmus der Musik nicht nur hören, sondern in Bewegung umsetzen, mitwirbeln, das macht mehr Spaß als stilles Zuhören (ab Kindergartenalter).
- **Instrumente bauen.** Aus einem umgedrehten Waschmittelkarton wird eine Trommel, aus einem Plastiktrichter mit eingesteckten Plastikgartenschlauch eine Tröte … Wer sich schon selbst Instrumente gebaut hat, findet auch echte Instrumente spannend: Wie sieht eine richtige Geige aus? Wie hört sie sich an? Der nächste Schritt könnte dann heißen: Mal ausprobieren, wie so ein Instrument klingt … (ab Kindergartenalter).
- **Vorspielen.** Spielt Mutter Flöte, begleitet Papa sie dazu auf der Geige, tritt das Kind mit großer Wahrscheinlichkeit in deren Fußstapfen, weil die Eltern sein Vorbild sind und zu Hause einfach Musik in der Luft liegt. Kinder von Nichtmusikern müssen eine Schwelle überwinden, die allerdings höher ist, wenn Eltern mit Sprüchen kommen wie »Bei uns war noch nie einer musikalisch« oder »In unserer Familie singt kein Mensch richtig«. Kein Wunder, wenn dann man-

ches Kind beschließt:»Mit mir und der Musik, das hat keinen Zweck!«Hilfreicher: guter Musikunterricht außerhalb der Familie.

- **Kurse.** Musikschulen bieten Kurse in musikalischer Früherziehung für Vorschulkinder an. Da wird vor allem Freude an Musik geweckt, und es werden erste Grundkenntnisse vermittelt.

Musizieren: Wird die Sache jetzt ernst?

Musizieren macht nur ohne Zwang und Druck Freude. Wer dagegen dauernd zum Üben ermuntert wird, verliert bald den Spaß. Wenn Sie entspannt, frohen Herzens und voller Elan, fröhlich und fasziniert an das Thema Musik herangehen, ist das Spiel schon »fast« gewonnen. Kinder musizieren oft begeistert drauflos, wenn man sie lässt. Zu Beginn ihrer musikalischen Laufbahn haben sie noch keine Ahnung davon, was »richtig« oder »falsch« ist. Diese Begeisterungsfähigkeit ist Gold wert und motiviert, weiterzumachen, zu singen, ein Instrument zu erlernen.

- **Im Chor singen.** Wer im Chor singt, zusammen mit anderen musiziert, genießt vor allem das Gemeinschaftsgefühl. Gemeinsames Musizieren fördert nicht nur die Leistung, sondern auch das Sozialverhalten nach dem Motto: Gemeinsam sind wir stark. Das schweißt junge Musiker zusammen.
- **Musikinstrument spielen.** Etwa vom fünften Lebensjahr an erhalten viele Kinder ersten Unterricht am Instrument (Flöte, Klavier, Geige, Gitarre). Aber nur, wenn wirklich der Wunsch besteht, ein Instrument zu spielen. Um vom Unterricht zu profitieren, sollte ein Kind mindestens vier Jahre dabeibleiben. Ganz freiwillig? Das wird nicht immer zu schaffen sein. An diesem Punkt müssen Eltern oft mit Fingerspitzengefühl die Balance wahren zwischen »zu schnell aufgeben« und »Durchhaltevermögen beweisen«.

- **Tanzunterricht.** Tanzen muss nicht Ballett, sondern kann auch Kindertanz heißen und in der Tanzschule stattfinden. Später kann daraus Countrydance oder Jazztanz werden. Ohne Drill und Druck (wie beim Ballett) fällt es vielen leichter, Musik und Bewegung in Einklang zu bringen. Übrigens tanzt es sich meistens entspannter, wenn die Eltern außer Sichtweite sind.

Bestärken Sie Ihr Kind beim Musizieren

Eltern werden bei den »musischen Fächern« vor allem als »Verstärker« gebraucht, die ihr Kind mental stärken. Gefragt sind Ihre Aufmerksamkeit, Ihr Interesse und Ihre Nachfragen. Ihr Zuhören, wenn es von seinen Erfolgen und Misserfolgen erzählt, von seinen Zweifeln. Manchmal braucht es Ihre Unterstützung ganz dringend, um weitermachen zu wollen, ebenso wie Ihre Anerkennung. Musik öffnet die Herzen und Seelen, auch das eigene Herz und die eigene Seele. Um andere

zu erreichen, muss man vorspielen, auch wenn das mühsam ist
und Überwindung kostet. Die Freude an der Musik wird so
weitergegeben. Ganz wichtig: Die Eltern sollten im Publikum
sitzen. Ihr Beifall bedeutet jedem Kind, das in der Öffentlich-
keit steht, besonders viel: Sie geben ihm Sicherheit.

Beim Malen und Zeichnen: Aufmerksamkeit schenken

Viele Kinder interessieren sich für Bilder, malen und zeichnen
gerne. Sie bannen ihre Welt, ihre eigenen Geschichten aufs Papier und erzählen so von sich selbst beim Malen. Egal, was auf
den Bildern zu sehen ist, die Werke Ihres Kindes haben immer
mit eigenen Erlebnissen, Gefühlen und Gedanken zu tun.

Von Anfang an zeigen sich große Unterschiede. Malen die
einen großräumig mit viel Energie, großem Pinsel und kräfti-
gen Farben, stricheln die anderen eher vorsichtig mit Stiften.
Mädchen malen übrigens lieber als Jungen. Zu einer gestalterischen Begabung gehören so unterschiedliche Fähigkeiten
wie sprachliches Können, um Vorstellungen zu formulieren,
räumliches Denken, geschickte Feinmotorik, eine gute Sehfä-
higkeit und Beobachtungsgabe, Einfühlungsvermögen, Ausdrucksfähigkeit.

Was den Spaß am Malen fördert

Wer malt, braucht in der Regel Platz, ein Umfeld, das Kreativität
zulässt. Er will mit Farbe experimentieren, auch kleckern dürfen. Versuchen Sie, Ihrem malbegeisterten Kind eine Ecke zu
verschaffen, wo es ohne Rücksicht auf Verluste drauflos pinseln
kann. Vielleicht gibt es bei den Großeltern einen unbenutzten
Hobbyraum, eine alte Garage, eine Ecke auf dem Speicher.

Stellen Sie außerdem große Bögen, auch mal Packpapier, Ta-
petenbahnen, dicke Pinsel und viel Farbe zur Verfügung, damit
sich Ihr Kind beim Malen richtig austoben kann. Wer das nicht
mag, kehrt von selbst zu kleinen Papieren und Stiften zurück.

Hingucken, studieren: ein Bild machen von den Dingen

Wer malt, sammelt Eindrücke und Erlebnisse, schaut sich um,
studiert Dinge und Menschen, Tiere und Pflanzen. Bieten Sie
Ihrem Kind neue Objekte, neue Eindrücke.

• **Natur.** An Bildern, die auf Kinder einwirken, mangelt es im
visuellen Zeitalter nicht. Fördern bedeutet deshalb: Weniger
ist mehr. Träumen Sie gemeinsam mit Ihrem Kind in den
blauen Himmel. Schauen Sie sich im Wald um und freuen
Sie sich an den verschiedenen Grüntönen. Gehen Sie zusammen in den Botanischen Garten und lassen Sie die Natur auf
sich wirken. Unterhalten Sie sich über Ihre Wahrnehmungen
und Empfindungen. Besonders phantasievolle Kinder verwandeln den Botanischen Garten in Gedanken vielleicht in
einen Dschungel. Menschen reagieren übrigens am positivs-
ten auf Landschaften mit Flüssen und Seen, Baumgruppen
und Wiesen. Aufenthalte in der Natur können sich dabei positiv auf das psychische und physische Wohlbefinden auswir-
ken, die Monotonie des Alltags oder der schnelle hektische
Wechsel von Bildern dagegen negativ. Das Fernsehen, ebenfalls eine »sinnliche Erfahrung«, lässt viele nicht zur Ruhe
kommen: Schnelle Schnitte, dramatische Bilder, bloß keine
Langeweile. In der Natur bleibt das Bild dagegen gleich, und
genau das beruhigt. Ihr Kind kann hier in stille Betrachtung
versinken, und das hat positive Folgen. Auch für seine Kreativität (ab Kindergartenalter).

- **Ausstellungen.** Gehen Sie in Museen, Galerien. Schauen Sie sich gemeinsam Fotos, Bilder, Plastiken an, aber nur in geringen Dosen, damit die Aufmerksamkeit nicht erlahmt. Das heißt: Konzentrieren Sie sich auf wenige Bilder, auf wenige Maler. Erzählen Sie von einem Maler, von seinem Leben, seiner Kunst. Sprechen Sie mit Ihrem Kind über seine Eindrücke, seine Ideen. Manches Kind knüpft später beim Malen an das an, was es in Ausstellungen gesehen hat. Benutzt etwa ähnliche Farben, Motive (ab Kindergartenalter).
- **Filme.** Mancher Junge, manches Mädchen lässt sich von Filmen dazu animieren, selbst Bildergeschichten zu erfinden und aufzuzeichnen. Dann wird aus einer Fernsehserie zum Beispiel ein Comic mit Sprechblasen. Dabei zeigt sich schnell, ob ein Kind zeichnerisches Talent hat, zum Beispiel Bewegung in seine Figuren bringt (ab Grundschulalter).
- **Kinderbücher, Bilderbücher.** Beim Vorlesen und Geschichtenerzählen macht sich jeder seine eigenen Vorstellungen. Vielleicht sind diese inneren Bilder stark genug, um sie nach außen weiterzugeben, sie aufzumalen. Wer Bilderbücher anschaut, kann die Illustrationen genießen, aufgreifen, umformen (ab Kindergartenalter).
- **Kunstbücher.** Wer mit Kindern Kataloge, Kunstbücher, Kunstpostkarten anschaut, schult ihren Blick für andere Künstler, Kunstrichtungen, Themen, für Farben und Formen (ab Kindergartenalter).

Der Auftakt: spielerisches, entspanntes Ausprobieren

Das Grundrezept für eine Förderung im gestalterischen Bereich: Wer gerne malt und zeichnet, will Applaus für seine Werke ernten, dann ist er glücklich. Anerkennung steigert das Selbstvertrauen. Und das Talent? Das kommt später. Zuerst ist das Engagement, die Freude an der Sache wichtig.

- **Mitmachen.** Weil es ihnen oft an Zeit mangelt, neigen Eltern dazu, gemeinsame Malstunden zur Pflicht zu erklären,
nach dem Motto: »Wenigstens einmal in der Woche müssen
wir etwas zusammen machen!« Dann wird zum Beispiel
gemeinsam gemalt. Manchem Kind vergeht sofort die Lust,
wenn das Zusammensein nach festem Plan organisiert und
verordnet wird. Erfolgversprechender: Sie setzen sich einfach an einen Tisch und beginnen zu malen. Wenn Stifte
und Papier auf dem Tisch liegen, wird es nicht lange dauern, dann kommt Ihr Kind dazu und malt mit. Wenn Erwachsene mitmalen, mitzeichnen, und zwar mit Schwung

und Freude am Malen, dann steckt ihr Engagement an. Bestenfalls beflügeln sich Eltern und Kind gegenseitig, und bald wird das Haus zur Galerie.

● **Beifall.** Freuen Sie sich über die Bilder, die Ihr Kind malt, zeigen Sie Ihre Anerkennung, dann spornen Sie es an. Machen Sie Mut. Stärken Sie das Selbstvertrauen – etwa dadurch, dass Sie die Bilder in der Wohnung aufhängen. Machen Sie eine Tür zur Bilderwand.

● **Antrieb stärken.** Mischen Sie sich nicht ein. Lassen Sie Ihrem Kind seine Themen. Und wenn es nicht weiß, was es malen soll? Keine konkreten Hinweise geben (»Mal ein Geschenk für die Oma!« Oder: »Mal doch mal ein Schiff!«). Sprechen Sie mit Ihrem Kind einfach über Alltagserlebnisse, über eigene Erfahrungen. Vielleicht ist das Anstoß genug, ein eigenes Thema zu finden.

● **Beurteilungen.** Kommen Sie Ihrem Kind nicht mit »richtig« oder »falsch« oder Gemecker. Es nimmt die Welt auf seine Weise wahr und bringt sie genau so aufs Papier.

● **Nachfragen.** Sprechen Sie mit Ihrem Kind über seine Bilder. Zeigen Sie Interesse, fragen Sie nach.

Weitere gestalterische Begabungen fördern

Nicht alle, die sich für Gestaltung interessieren, sind gut im Malen. Viele haben andere Interessen. Sie modellieren, machen Collagen, fotografieren, basteln gerne oder filmen. Einige Fördertipps dazu:

● **Collagen kleben.** Aus Zeitungen, Zeitschriften Papierschnipsel reißen, mit oder ohne Schrift, und daraus Bilder kleben. Man kann auch noch Transparentpapier, Buntpapier, Tonpapier, Packpapier dazunehmen.

● **Fotografieren.** Schicken Sie Kinder, ausgerüstet mit einer Digitalkamera, auf Motivsuche. Hinterher werden die Fotos gemeinsam im Computer angeguckt. Eventuell ausgedruckt. Dann wird mit Buntstiften oder Filzstiften so lange weitergemalt, bis ein lustiges Bild entstanden ist.

- **Modellieren.** Aus Salzteig oder Knetmasse werden um die Wette Figuren geknetet. Wer bringt zuerst einen Saurier zustande? Ein Nilpferd? Oder alle, die mitmachen, arbeiten abwechselnd an ein und derselben Figur. Was kommt dabei heraus?

- **Basteln.** Aus Eierkartons, Büchsen, Draht, verschiedenen Papieren und anderen Materialien werden kunstvolle Gebilde gefertigt wie etwa Masken, Figuren, Vogelscheuchen, Monster, Handpuppen …

- **Filmen.** Mit Hilfe Erwachsener schaffen es auch schon Grundschulkinder, mit einer Videokamera Filme zu drehen, natürlich nach eigenem Drehbuch.

- **Comics.** Kinder, die gerne zeichnen, erfinden oft Bildergeschichten zu selbst ausgedachten Figuren. Wenn sie schreiben können, können aus den Bildergeschichten auch Abenteuercomics werden.

- **Bilderbuchillustrationen.** Wer illustriert eine vorgegebene Geschichte oder ein Märchen? Bei dieser Aufgabe kann man seiner Phantasie freien Lauf lassen. Auch das Format und die Wahl der Stifte oder Pinsel ist egal. Besonders schön: Eine Geschichte so auf dem Computer ausdrucken, dass sie dann illustriert werden kann.

Schlussbemerkungen

In unseren globalen Zeiten müssen Kinder fit gemacht werden, damit sie zukünftigen Herausforderungen standhalten können. Normales Können, Wissen, Bildung allein reichten nicht mehr, sagen viele. Das könne sich ja heute jeder verschaffen. Wer vorwärtskommen wolle, brauche das Besondere, meinen sie. Nur wer über Exquisites verfüge, sei der Konkurrenz überlegen und sichere sich einen Platz an der Sonne. Deshalb haben Talentsucher heute Hochkonjunktur. Egal, ob im Fernsehen bei Talentshows, in den Schulen, in den Vereinen. Viele Erwachsene sind sich einig: Über möglichst viele und besondere Begabungen soll ein Kind verfügen, denn nur diese »Spezialität« unterscheidet es vom Gros der Menschen und bietet eine Chance auf zukünftige Spitzenpositionen. Deshalb wird heute schon im Kindergarten nach ausgeprägten Exzellenzen von Kindern gesucht, und sind sie gefunden, werden sie oft in Elitekursen gefördert.

Es geht auch anders: Manche jungen Eltern sehen das Thema Begabung und Begabungsförderung gelassener – glücklicherweise, sagen die meisten Fachleute. Es kommt ihnen weniger auf das besondere Können, auf die herausragende Begabung und Leistung an, sondern mehr auf den Charakter ihres Kindes. Der sollte stimmen. Deshalb sprechen sie seltener über die besonderen oder nicht weniger besonderen Talente eines Kindes, dagegen häufiger über sein Glück. Über eine entspannte Kindheit

- mit viel Lebendigkeit und beschwingter Leichtigkeit,
- mit reichhaltigen Bildungsangeboten,
- mit vielseitiger Förderung, die Spaß am Tun vermittelt,
- mit viel Wärme, Zuwendung, Interesse an den kindlichen Belangen,
- mit Wettbewerben, die nicht überfordern, sondern die Spiellust, den gesunden Ehrgeiz um der Sache willen anfeuern.

Adressen

Mensa in Deutschland e. V.
Lochhamerstraße 13/1. UG
82152 Planegg-Martinsried
Tel.: 0700-78 36 36 72
Fax: 0700-32 96 36 72
www.mensa.de
Internationaler Club der Hochintelligenten mit einem IQ von mindestens 130

Bundesministerium für Bildung und Forschung (BMBF)
Postfach 30 02 35
53182 Bonn
Tel.: 0 18 05/26 23 02
Fax: 018 05/26 23 03 (0,12 Euro/Min.)
E-Mail: books@bmbf.bund.de
Kostenloses Download-Angebot:
www.bmbf.de/pub/begabte_kinder_finden_und_fordern.pdf

Deutsche Gesellschaft für das hochbegabte Kind e.V.
Hilde Brekow
Schillerstraße 4–5
10625 Berlin
Tel.: 0 30/34 35 68 29
Fax: 0 30/34 35 69 25
www.dghk.de

Initiative des Stifterverbandes für die Deutsche Wissenschaft zur Begabungs-
und Begabtenförderung
Ahrstraße 45
53175 Bonn
Tel.: 0228/9 59 15-0
www.bildung-und-begabung.de

Wettbewerbe

Jugend forscht/Schüler experimentieren
Stiftung Jugend forscht e.V.
Baumwall 5
20459 Hamburg
Tel.: 0 40/37 47 09-0
Fax: 0 40/37 47 09-99
www.jugend-forscht.de

Talentförderung im Sport
www.jugendtrainiertfuerolympia.de

Bundeswettbewerb »Jugend musiziert«
www.deutscher-musikrat.de/jumu/index.html

Literatur

T. BERRY BRAZELTON, Ein Kind wächst auf, Klett-Cotta, Stuttgart 1995

FEE CZISCH, Kinder können mehr, Antje Kunstmann, München 2007

WASSILIOS E. FTHENAKIS, MARTIN R. TEXTOR, Knaurs Handbuch Familie, Knaur, München 2004

NORBERT HERSCHKOWITZ, ELINORE CHAPMAN-HERSCHKOWITZ, Klug, neugierig und fit für die Welt, Herder, Freiburg 2006

REMO H. LARGO, Kinderjahre, Piper, München 2000

RICHARD MICHAELIS, Die ersten fünf Jahre im Leben eines Kindes, Knaur, München 2006

JIRINA PREKOP, GERALD HÜTHER, Auf Schatzsuche bei unseren Kindern, Kösel, München 2006

MANFRED SPITZER, Lernen. Gehirnforschung und die Schule des Lebens, Spektrum Akademischer Verlag, Heidelberg 2006

ANNA WAHLGREN, Das KinderBuch, Beltz, Weinheim 2004

Register

Angst 43 f.
Atmung 51
Ausdauer 28
Ausstellungen 120
Ausgeglichenheit 50 ff.

Bedürfnisse des
Kindes 53
Begabungstests 9
Bewegung 100 ff.
Bewegungsmangel 101 f.
Bücher 98, 120

Chor 116
Comics 123

Denksportaufgaben 90 f.
Disziplin 14, 23, 28, 31
Druck 55

Ehrgeiz 25
Einfühlungsvermögen
61 ff.
Emotionales Talent 60 ff.
Erfolgserlebnisse 21 f.,
42 ff., 48, 77
Ermutigen 45
Ernährung 67
Erwartungen, hohe 38
Erziehung, positiver
Einfluss 13 f.
Experimente 32, 89 f.

Flow 31 f.
Förderfehler 55 ff.
Fördermaßnamen
17 ff., 30 ff.
Fotografieren 122 f.
Freiheit 33 f.
Freundschaft 35 f., 70,
104

Gardiner, Howard 5
Gehirn, Entwicklung
31
Gehirn-Gymnastik 90 f.
Gene 11 ff.
Gesang 68
Geschichten 68 f., 95 ff.
Glück 66 f.
Gruppenerlebnisse 74 f.,
91

Hochbegabung 7, 42

Idole 36
Inselbegabungen 5
Intelligenztests 9
Internet 87
Intuition 22

Jungen und Mädchen,
Unterschiede 15

Konzentration 51
Kreativität 36 ff.
Künstlerisches Talent
108 ff.

Lernen 16
Lob 22, 29, 44 f.

Malen 20, 86, 118 ff.
Märchen 88
Mathematisches Talent
6, 82 ff.
Mensa 7
Motivation 46 ff.
Musikalisches Talent 6,
24 f., 112 ff.

Naturwissenschaftliche
Begabung 6, 76 f., 89

Optimismus 28

Phantasiereisen 64

Regeln 14
Rollenspiele 65 f., 68

Schulnoten 8
Sekundärtugenden 31
Selbsterfahrung 62 ff.
Selbstkritik 51 f.
Selbstsicherheit 41 f.
Selbstvertrauen 41 ff.,
59
Sinnliche Wahrneh-
mung 111 f.
Soziales Talent 70 ff.
Spaß 83
Sportliche Begabung 6,
100 ff.
Sportvereine 104 f.
Sprachliche Begabung
6, 92 ff.

Tagträume 64
Talentwettbewerbe 23
Tanz 68 f., 114, 117
Trainer 27
Träume 40 f.

Üben 23 f.
Überbehütung 58
Umwelteinflüsse 12 f.

Visualisieren 50
Vorbilder 14, 34 f.
Vorlesen 96

Wunderkinder 29

Zeichnen 118 ff.

Bibliografische Information der Deutschen Nationalbibliothek
Die Deutsche Nationalbibliothek verzeichnet diese Publikation in der
Deutschen Nationalbibliografie; detaillierte bibliografische Daten sind
im Internet über http://dnb.d-nb.de abrufbar.

© 2008 Knaur Ratgeber Verlag
Ein Unternehmen der Droemerschen Verlagsanstalt Th. Knaur Nachf.
GmbH & Co. KG, München
Alle Rechte vorbehalten.

Wichtiger Hinweis

Die im Buch veröffentlichten Ratschläge wurden von Verfasserin und Verlag
mit größter Sorgfalt erarbeitet und geprüft. Eine Garantie kann jedoch nicht
übernommen werden. Ebenso ist eine Haftung der Verfasserin bzw. des
Verlages und seiner Beauftragten für Personen-, Sach- oder Vermögensschä-
den ausgeschlossen.

Bildnachweis
Umschlagillustration: Getty images / Linda Bronson
Illustrationen: Gisela Rüger, München

Projektleitung: Caroline Colsman
Redaktion: Petra Kunze
Bildredaktion: Sylvie Busche (Ltg.), Markus Röleke

Layout: Veronika Preisler
Umschlaggestaltung: griesbeckdesign, München
Reproduktion: Repro Ludwig, Zell am See
Druck und Bindung: Offizin Andersen Nexö Leipzig GmbH
Printed in Germany

ISBN 978-3-426-64484-3

5   4   3   2   1

Bitte besuchen Sie uns auch im Internet unter der Adresse:
www.knaur-ratgeber.de